인공지능과 프롭테크

인공지능총서

인공지능 시대입니다. 기계가 인간의 인지를 대신하고, 사물이 인간을 통하지 않고 다른 사물과 직접 커뮤니케이션합니다. 이에 따른 인간 삶과 문명 변화를 정확히 이해·예측·대응하는 것은 이 시대 우리 모두의 과제입니다. 인공지능총서는 인공지능 기술과 환경의 여러 주제를 10가지 키워드로 정리합니다. 관련 개념과 이론, 학계와 산업계의 쟁점, 우리 일상의 변화를 다룹니다. 인간과 기술의 현재, 미래를 세심히 분석합니다.

일러두기

- 인명, 작품명, 저서명, 개념어 등은 한글과 함께 괄호 안에 해당 국가의 원어를 병기했습니다.
- 외래어 표기는 현행 어문규정의 외래어표기법을 따랐습니다.

처음이세요?

전문가세요?

인공지능과 프롬테크

문혜정

대한민국, 서울, 커뮤니케이션북스, 2025

인공지능과 프롭테크

지은이 문혜정
펴낸이 박영률

초판 1쇄 펴낸날 2025년 4월 11일

커뮤니케이션북스(주)
출판 등록 2007년 8월 17일 제313-2007-000166호
02880 서울시 성북구 성북로 5-11
전화(02) 7474 001, 팩스(02) 736 5047
commbooks@commbooks.com
www.commbooks.com

ISBN 979-11-7307-927-6 03500

책값은 뒤표지에 표시되어 있습니다.

차례

인공지능이 바꾸는 부동산과 직업

불안한 부동산 시장과 극복 방법

최근 글로벌 경제 환경의 급격한 변화로 인해 부동산 시장의 불확실성이 그 어느 때보다 커지고 있다. 심각한 인플레이션, 지속적인 화폐 가치 하락, 급등하는 금값, 점점 더 엄격해지는 대출 규제, 계속해서 증가하는 부동산 관련 세금 등으로 인해 전통적인 부동산 투자 방식은 그 한계를 드러내고 있다.

과거에는 경험과 직관에 의존하던 투자 전략으로 부동산 시장의 변동성을 예측할 수 있었지만, 현재는 그러한 방식으로는 시장의 급격한 변화를 따라잡기 어려워졌다. 이에 따라 인공지능, 빅데이터, 블록체인 등 첨단 프롭테크(PropTech) 기술을 활용한 새로운 부동산 분석 및 전략적인 투자의 필요성이 커지고 있다. 프롭테크는 부동산(Property)과 기술(Technology)의 결합으로, 부동산 산업에 디지털 기술과 혁신을 도입하는 것을 의미한다(KDI 경제교육 · 정보센터, 2023).

프롭테크 기술은 방대한 자료를 실시간으로 분석하

고, 복잡한 시장 변수 간의 상관관계를 정밀하게 해석함으로써 부동산 시장을 정확하고 객관적으로 진단할 수 있게 해 준다. 기계학습(ML: Machine Learning) 알고리즘과 인공지능 기술은 자료를 바탕으로 시장 트렌드를 예측하고, 개인화된 투자 전략을 제시할 수 있다.

이 책은 급변하는 부동산 환경에서 첨단 기술을 활용해 더 나은 의사 결정을 내릴 수 있는 실질적인 가이드를 제공한다. 단순히 기술과 사례를 소개하는 것만이 아니라 프롭테크의 부동산 투자, 주거 선택, 직업 탐색, 창업에 이르기까지 어떻게 적용될 수 있는지 구체적이고 실용적인 방법론을 제시한다.

의식주를 위한 교양 지식

부동산은 의식주(衣食住)의 핵심 요소이며, 누구나 살아가는 데 필수적인 자산이다. 하지만 초 · 중 · 고 12년 동안 부동산에 대한 체계적인 교육은 거의 이루어지지 않는다. 학교에서는 수학, 과학, 사회, 경제를 배우지만, 내 집 마련이나 임대차 계약, 부동산 세금, 대출 등에 대한 교육은 전무하다시피 하다.

그 결과, 많은 사람들이 성인이 되어 부동산을 접하면 전 · 월세 계약이나 부동산 세금, 대출 규제, 시장 흐름

등을 전혀 모르는 상태에서 불안한 선택을 하게 된다. 심지어 임대차 보호법이나 매매 계약의 기본 개념조차 모르는 경우도 흔하다. 프롭테크 시대가 도래하면서 인공지능을 활용한 부동산 분석이 가능해졌지만, 기본적인 부동산 지식이 없다면 이러한 기술도 제대로 활용할 수 없다.

이 책은 누구나 반드시 알아야 할 부동산의 기초 개념과 인공지능 및 데이터 사이언스 기술을 활용한 최신 부동산 분석 방법을 다룬다. 부동산은 단순한 거주와 투자 수단이 아니라 안정적인 생활을 위한 필수 지식이다. 프롭테크를 활용하면 자신의 주거 환경을 스마트하게 관리하고, 보다 합리적인 주거 · 투자 결정을 내릴 수 있다. 부동산 교육이 충분하지 않은 현실 속에서 이 책은 실질적인 가이드가 될 것이다.

프롭테크의 주요 과제

프롭테크는 부동산 시장을 혁신하는 다양한 기술을 포함하며, 예측 모델링, 추천 시스템, 스마트 건축, 최적화된 자산 관리, 블록체인 기반 부동산 거래 등의 분야로 나뉜다. 인공지능을 활용한 예측 모델은 부동산 가치 평가를 더욱 정교하게 만들고, 추천 시스템은 개인 맞춤형 매물 탐색을 가능하게 한다. 스마트 건축 기술은 건물의 에너지 효율을 최적화하고, 유지 보수를 자동화하는 데 활용된다. 블록체인은 부동산 거래를 더욱 안전하고 투명하게 만들고, 토큰화된 부동산 자산을 통해 소액 투자도 가능하게 한다. 하지만 프롭테크가 발전하면서 자료 프라이버시, 알고리즘 편향, 법적 규제 등 새로운 문제들도 함께 대두되어 이에 대한 균형 잡힌 시각도 필요하다.

이 책을 그대에게 추천하며

이 책은 부동산과 기술의 결합이 가져올 변화를 이해하고, 활용하고 싶은 모든 이를 위한 책이다. 부동산과 ICT에 관심 있는 학생이나 진로를 고민하는 청년들, 프롭테크 분야로 이직을 고려하는 직장인, 부동산 시장의 새로운 변화를 알고 싶은 투자자, '스마트 주거, 부동산 인공지능 분석, 블록체인 부동산 거래' 등에 관심 있는 사람, 부동산 시장에서 자료 기반 의사 결정을 배우고 싶은 모든 사람을 위해 이 책을 썼다.

이 책을 통해 독자들은 프롭테크와 인공지능이 부동산 시장을 어떻게 바꾸는지 쉽게 이해할 수 있으며, 인공지능 기반 부동산 가치 평가, 추천 시스템, 블록체인 거래 등 미래 핵심 기술을 익힐 수 있다. 또한 부동산 시장이 어떻게 변화하고 있는지 이해함으로써 진로 · 이직 · 창업 등 미래 기회를 구체적으로 탐색할 수 있는 계기를 마련할 수 있다.

꿈을 찾는 독서 방법

이 책은 단순한 이론서가 아니다. 읽는 독자가 자신의 미래와 최신 기술을 연결해 직접 적용할 수 있도록 돕는 실용적인 학습서다. 어려운 신기술과 생소한 부동산에 관한 이야기를 쉽고 흥미를 갖고 읽고 싶다면 다음과 같은 순서로 읽어 보자. 먼저 1장과 2장을 읽으며 프롭테크의 등장 배경과 인공지능이 부동산을 바꾸는 원리를 이해한 뒤, 10장을 통해 프롭테크가 자신의 미래와 어떤 관련이 있는지 고민해 보자. 이후 관심 있는 분야부터 골라 읽고, 사례에 표기된 url을 눌러가며 탐색해 보는 것을 추천한다.

예를 들어 경제에 관심이 많거나 확률 통계를 좋아하거나 꼼꼼한 성격이라면 3장 예측 모델링 기반 부동산 가치 평가를 먼저 읽어 보는 게 좋다. 반대로 감성적이고 국어나 인문학에 소질이 있다면, 4장 자연어 처리 기반 고객 서비스 부분을 읽으면 재미있을 것이다. 사회 문제에 관심이 많다면 프롭테크의 법 · 윤리적 과제를 다룬 9

장을 읽으며 현실적인 문제와 해결 방안을 고민해 볼 수도 있다. 단순히 읽는 것에서 끝나는 것이 아니라, 자신의 미래와 연결해 현실 사례를 찾아보거나 관련 기술을 직접 탐색해 보면 더욱 흥미롭게 읽을 수 있을 것이다.

이 책과 기존 서적의 차이

기존 부동산 서적은 주로 투자, 정책, 자산 관리에 초점을 맞추었지만, 이 책은 인공지능과 프롭테크를 결합해 부동산을 재해석한다. 프롭테크를 실질적으로 활용할 수 있는 기술과 기회를 더욱 구체적으로 제시하고, 비교적 최근 연구 동향까지 소개했다. 기존 부동산 자료 분석서와 달리 인공지능, 기계학습, 블록체인 기술을 활용하는 방법까지 다루며, 실무적인 접근이 가능하도록 구성했다. 또한 초보자가 읽기 쉽게 개념을 설명하면서도 실제 사례와 자료를 활용한 분석 방법까지 포함해 실용성을 극대화했다.

참고문헌

KDI 경제교육·정보센터(2023). e-경제정보리뷰: 프롭테크 개념편. https://bit.ly/4aykybE

01

기술의 발전과 토지의 인류사적 변화

인류 역사에서 기술 혁신은 시기마다 토지의 본질과 활용 방식을 근본적으로 재정의해 왔다. 철기의 발명으로 시작된 공동 경작, 군사 기술로 강화된 봉건 영주의 토지 통제, 천문과학으로 확립된 전제군주의 조세 체계, 산업혁명이 가져온 근대적 영토 개념에 이어, 현대 ICT · 인공지능 기술은 토지를 디지털 투자 자산으로 변모시켰다. 수천 년간의 기술 진보는 이제 부동산에서도 프롭테크로 나타난다.

AI와 1인 창업?

철기 공동 경작과 현대 공유 부동산

동서양 모두 철기 기술의 발전과 관개 시스템의 개량으로 고대 국가의 식량 생산량이 증가했을 뿐만 아니라 토지 기반의 농업 공동체가 강화되었다. 춘추전국시대의 정전제(井田制)와 같은 공동 경작은 현대에서 ICT와 인공지능(AI, Artificial Intelligence) 등 프롭테크 기술과 결합해 공유 사무실, 공유 주택, 공유 농업, 공유 상가, 공유 창고 등 공유 부동산 형태로 진화했다.

공유 사무실은 창업 생태계 활성화, 지역 경제 발전, 탄소 배출 감소 등에 기여하며, 대표적인 사례로는 리저스(regus.com), 위워크(wework.com), 스파크플러스(sparkplus.co) 등이 있다. 사용자마다 다른 임대 조건과 부가 서비스를 제공하는 추천 시스템에서 활용되고 있다.

에어비앤비(Airbnb.com)는 자연어 처리(NLP, Natural Language Processing) 기술을 활용해 사용자 경험을 향상시킨다(HOTELYST, 2018). 예를 들어 에어비앤비는 딥러닝 기반의 검색 추천 시스템을 도입해 사용자에게 최적의 숙소를 추천하고 있다. 또한 머신러닝을 통해 리뷰 목록을 사용자의 모국어로 번역하는 언어 시스템을 개발해 다국어 사용자 간의 언어 장벽을 허물고 있다.

공유 농업은 농업의 진입 장벽을 낮추고 공동체 형성, 식량 안보 강화, 농촌 경제 활성화에 기여한다. 대표 사례는 어반팜코리아(urbanfarmkorea.com), 에이커스(acres.co), 팜투게더(farmtogether.com) 등이 대표적인 사례다. 이들 플랫폼은 사물인터넷(IoT)과 컴퓨터 비전 기술을 활용해 토양 및 환경 감시, 관개 시스템 관리, 병충해 감지 및 방제, 창고 및 수확물 관리 등을 자동화한다. 특히 컴퓨터 비전과 머신러닝을 활용해 농작물의 병해충을 조기에 발견하고, 사물인터넷 센서를 통해 실시간으로 생육 상태를 모니터링한다. 또한 스마트팜에서는 사물인터넷 기술을 기반으로 작물과 가축의 상태를 지속적으로 관리하며, 빅데이터와 인공지능을 활용해 생산량 예측과 병해충 관리의 정확도를 높이고 있다.

공유 상가와 공유 창고는 소규모 창업 지원과 물류 문제 해결에 기여하며, 대표적인 사례로 스토어프론트(storefront.com)와 스토라(storra.com)가 있다. 공유 상가는 인공지능 기반 상권 분석과 수요 예측 기술을 활용해 입지 선정과 매출 예측을 최적화한다. 공유 창고는 인공지능 기반 최적 경로 탐색 알고리즘과 컴퓨터 비전 기술을 활용해 물류 운영의 효율성을 높인다. 또한 인공지능 자동화 시스템을 도입해 창고 내 상품 분류와 재고 관리를 최적화하고, 사물인터넷 센서를 이용해 장비 상태를 실시간으로 모니터링하고 유지 보수 시기를 예측한다. 이러한 기술의 적용은 창업자와 물류 기업이 공간을 효율적으로 활용하고 운영 비용을 절감하는 데 기여하고 있다.

중세 농노 경작과 부동산 투자 신탁

중세 봉건제에서 왕과 영주는 상호 의무를 바탕으로 토지를 주고받으며 권력을 분산시켰고, 영주는 농노에게 토지를 제공하는 대가로 노동과 세금을 요구했다. 이러한 관계는 현대에 와서 프롭테크를 활용한 부동산 투자 신탁(REITs: Real Estate Investment Trusts), 프랜차이즈형 상업용 농업, 토지 신탁(Land Trust) 등의 형태로 발전해 왔으며, 봉건제와 달리 자발적으로 경작이나 운영 계약을 한다.

부동산 투자 신탁(REITs)은 다수의 투자자로부터 자금을 모아 부동산을 소유·운영하며 수익을 분배하는 금융 상품이다. 프롤로지스(prologis.com), 사이먼 프라퍼티 그룹(simonpropertygroup.com), 이리츠코크렙(ereits.co.kr), 케이리츠투자운용(kreitsnp.com) 등이 대표적인 사례다. 최근 블록체인 기반의 스마트 컨트랙트가 도입되어 관리의 투명성이 강화되고 있으며, 메리디오(meridio.co)와 같은 플랫폼이 이를 지원한다. 또한 데이터 분석 기법을 활용한 투자 위험이 감소하고, 부동산 투자 신탁의 효율성과 안정성이 더욱 향상되고 있다.

프랜차이즈형 상업용 농업은 대기업이 농민에게 기술과 자본을 제공해 특정 농산물을 생산하고 수익을 공유하는 구조다. 해외에서는 에어로팜(aerofarms.com)과 플렌티(plenty.ag)가 대표적이며, 국내에는 엔씽(nthing.net)과 팜에이트(farm8.co.kr)가 있다. 이들 기업은 사물인터넷 기반 스마트팜 기술을 활용해 생산성을 높이고, 계약과 유통의 통합 관리용 클라우드 서비스를 제공한다.

토지 신탁(Land Trust)은 소유자가 토지의 관리를 신탁 회사에 맡기고 수익을 분배받는 구조다. 사례로는 랜들리스(lendlease.com), 브룩필드(brookfield.com), 한국토지신탁(koreit.co.kr) 등이 있다. 현실 세계를 가상으로 복제하는 디지털 트윈 기술이 발전하면서, 토지 가치를 실시간으로 측정하고, 빅데이터 분석을 통해 시장 가치를 예측하려는 시도가 활발히 진행되고 있다.

근세 조세 지역과 현대 왕족 자산

15세기에 나타난 구텐베르크의 인쇄술과 코페르니쿠스

와 갈릴레이의 지동설은 종교적 봉건주의를 종식시키고 르네상스와 계몽주의로 이어지는 근세 전제군주제의 기반을 마련했다. 전제군주제에서는 중앙 집권화를 통해 봉건 영주의 토지가 왕권에 귀속되고 조세 징수의 기초가 되었다(Anderson, 2013). 이 시기 토지는 절대군주의 소유였는데, 오늘날에도 사우디아라비아, 브루나이, 아랍에미리트 등 일부 국가에서는 여전히 토지가 왕가 소유의 자산이다. 아이러니하게도 이들 토지를 관리하기 위해 프롭테크 기술이 적용되고 있다.

토지 관리 및 자료 분석은 토지 등록과 관리 시스템의 디지털화를 필요로 한다. 절대군주제인 사우디아라비아는 통치기본법 제14조에 의거해 지하, 지상, 영해 또는 국가의 육상 및 해상 관할 구역 내에 있는 자원과 모든 수익을 국가 소유로 규정하고 국가의 모든 천연자원을 왕족이 소유하고 관리하고 있다. 영국 왕실 소유의 부동산 관리 기관인 크라운에스테이트(thecrownestate.co.uk)는 스마트 자료 관리 시스템으로 토지와 해양 자산을 평가하기 위해 토지 소유권 등록 시스템과 인공지능 기반 실시간 가치 평가 기술을 활용하고 있다.

스마트 인프라 및 에너지 효율화는 국유지 내 스마트 도시 개발과 에너지 관리를 중심으로 진행되고 있다. 두바이는 사물인터넷과 인공지능 기술을 적용한 스마트시티 프로젝트를 추진 중이며, 도시 전체를 디지털 트윈화하는 '원 휴먼 리얼리티(One Human Reality)' 프로젝트를 발표해 메타버스와 현실 세계의 통합을 목표로 하고 있다. 브루나이는 에너지를 자급자족하는 저탄소 도시 템부롱(Temburong)을 조성해 증가하는 에너지 수요를 충족하고 온실가스 배출을 완화하는 스마트시티를 만들겠다는 목표를 가지고 있다. 이러한 프로젝트들은 사물인터넷 기반 감시와 스마트 빌딩 기술을 적용해 에너지 효율성을 높이고 있다.

조세 및 사용료 징수의 디지털화는 세금과 사용료 징수의 투명성과 효율성 향상을 목표로 한다. 사우디아라비아는 석유와 국유 자원 사용료를 디지털 회계 시스템으로 관리하며, 이때 블록체인 기반 세금 관리와 디지털 플랫폼 기술을 사용한다.

토지와 자원의 실시간 점검은 대규모 토지와 자원의 상태를 추적해 활용 가치를 극대화한다. 크라운에스테이트는 감시 제어 및 자료 수집(SCADA, Supervisory Control and Data Acquisition) 시스템을 활용해 해상 풍력 발전 단지를 실시간으로 모니터링하며, 사우디아라비아의 네옴 프로젝트는 사물인터넷과 디지털 트윈 기술을 도입해 토지 데이터를 관리한다. 스마트 도시 개발은 왕실 소유 토지의 경제적 가치 창출을 목표로 하며, 사우디아라비아는 네옴 프로젝트를 통해 5G, 사물인터넷, 가상현실(VR, Virtual Reality), 증강현실(AR, Augmented Reality), 자율주행차 등의 첨단 기술을 활용하고 있다. UAE의 마스다르 시티는 스마트 빌딩과 무인 교통 시스템을 통해 에너지 효율성과 지속 가능성을 극대화하고 있다. 이를 위해 드론, 위성 기술, 블록체인 기반 부동산 거래 시스템 등 스마트 인프라 기술이 활용되고 있다.

근대 국가 영토와 공공 부동산

산업혁명으로 경제가 성장하고 도시가 발전하면서 근대 입헌 국가의 지위는 강화되었다. 토지는 국가 영토로서의 개념이 확고해졌고, 공공 인프라 개발과 조세 제도 정비를 통해 토지의 경제적, 행정적 역할이 부각되었다(Hobsbawm, 2010). 현대의 국유 부동산, 국립공원과 자연 보호 구역, 해상 경계 구역과 영해, 도로 등의 공공 기반 시설 부지, 공공 주택과 도시 개발 토지, 문화유산 보호 지역 등이 이에 해당한다.

이제 국유 부동산 관리는 지리정보시스템과 드론으로 수집된 정보로 분석하고 디지털 트윈으로 실시간으로 점검하며, 블록체인으로 소유권을 관리한다. 국립공원과 자연 보호 구역은 위성과 드론으로 환경 변화를 감시하고, 인공지능으로 생태계 변화를 예측하며, 스마트 센서로 방문객을 추적한다. 해상 경계 구역과 영해는 해양지리정보시스템으로 자원 분포와 어업 활동을 추적하고, 사물인터넷을 부표로 해양 환경을 점검하며, 블록체인으로 자원 사용권을 관리한다. 공공 기반 시설 부지는 드론과 위성으로 건설 상태를 파악하고, 건축 정보 모델링(BIM, Building Information Modeling)으로 인프라를 설계하며, 스마트 센서로 시설 상태를 관리한다. 공공주택과 도시 개발 토지는 3D 모델링과 가상현실로 사업을 시각화하고, 사물인터넷으로 에너지 효율을 높이며, 빅데이터로 수요를 예측한다. 문화유산 보호 지역은 디지털 트윈으로 유산을 3D 스캔하고, 증강현실과 가상현실을 이용해 역사적 유적지를 재현하며, 인공지능으로 방문객 흐름을 분석한다.

물리적 사유 재산과 디지털 투자 자산

현대 국가에서 토지는 주거, 상업, 산업의 핵심 기반 자산이자 개인이 부를 축적하는 주요 수단이 되었다(Harvey, 1985). 사유 재산으로서 토지에는 프롭테크 기술이 소유권 관리, 가치 평가, 토지 개발 등에 적용되었다. 2000년대 이후에 본격화된 ICT와 인공지능 기술의 발전으로 토지는 디지털 공간으로 확장되었다. 메타버스의 디지털 토지는 대체불가능토큰(NFT: Non Fungible Token)으로 거래되고, 프롭테크의 발전으로 세계 토지에 투자가 가능해졌으며, AR 기술은 물리적 토지와 디지털 자산의 융합을 통해 새로운 부동산 시장을 창출하고 있다.

스웨덴의 란트메테리에트(lantmateriet.se)는 블록체인 기술을 활용해 토지 소유권 등록을 디지털화하고, 두바이 토지관리정부는 디지털 공시 플랫폼을 통해 소유권 확인과 등록 절차를 간소화하고 있다. 미국의 질로우(zillow.com)는 인공지능을 활용해 토지 가치를 실시간으로 예측하며, 영국의 라이트무브(rightmove.co.uk)는 빅데이터를 기반으로 부동산 투자 결정을 지원한다. 싱가포르의 버추얼싱가포르(Virtual Singapore)는 디지털 트윈 기술을 적용하여 도시 개발과 계획을 최적화하고 있으며, 한국의 세종과 부산의 스마트시티 프로젝트는 3D 모델링을 활용해 도시 설계를 시각화하고 있다. 에스토니아는 블록체인 기반 스마트 컨트랙트로 토지 거래를 디지털화하고, 두바이는 온라인 거래 플랫폼과 디지털 서명을 통해 부동산 거래를 간편하게 처리한다. 인도는 드론 기술로 농지 상태를 실시간 점검하고 있으며, 미국의 인디고애그리컬처(indigoag.com)는 사물인터넷을 활용해 농업 생산성을 향상시키고 있다(홍정화, 2024).

참고문헌

국사편찬위원회. 정전법. https://bit.ly/3Ed55Su

국사편찬위원회. 중세 봉건 사회. http://bit.ly/4bPfIaO

세계법제정보센터. 사우디아라비아 통치기본법. https://bit.ly/4hEBuzL

홍정화(2024.1.10). 웨이버스, 에티오피아 토지정보관리시스템 구축 사업 수주. 글로벌이코노믹. https://bit.ly/3EgjuNT

HOTELYST(2018). 에어비앤비와 인공지능. https://bit.ly/3EmE6nu

Anderson, P.(2013). *Lineages of the absolutist state*. London, UK: Verso Books.

Harvey, D.(1985). *The urbanization of capital*. Baltimore, MD: The John Hopkins University Press.

Hobsbawm, E.(2010). *Age of revolution: 1789-1848*. London, UK: Hachette UK.

02
인공지능 기반 프롭테크 산업

인공지능 기술이 부동산 산업에 적용되면서 글로벌 투자 기업들이 가장 먼저 프롭테크에 주목했다. 활용되고 있는 주요 인공지능 기술로는 예측 모델링 기반 부동산 가치 평가, 자연어 처리 기반 고객 서비스, 추천 시스템 기반 개인화 서비스가 있으며, 컴퓨터 비전 기술 기반 스마트 건축과 최적화 알고리즘 기반 스마트 관리도 활발하게 도입되고 있다.

AI와 MBTI?

프롭테크 개념과 배경

프롭테크 개념은 부동산의 검색, 거래, 관리, 투자 등 다양한 분야에서 정보통신기술(ICT, Information & Communication Technology)을 활용해 효율성과 투명성을 높이는 데 중점을 둔다. 2014년 10월 영국의 부동산 전문 잡지 ≪디 에스테이츠 가제트(The Estates Gazette)≫에서 프롭테크라는 용어로 부동산 투자에 대한 현상을 소개하면서 공식화되었고(Slumbers, 2014), 이후 프롭테크의 개념은 글로벌 투자 기업들 사이에서 새로운 벤처 투자 분야로 주목받기 시작했다.

프롭테크의 등장 배경에는 인공지능, 사물인터넷, 빅데이터, 블록체인 등 첨단 기술의 발전과 스마트폰과 인터넷의 대중화가 있다. 특히 부동산 투자 방식의 다양화와 소액 투자자 확대를 위한 기술 기반 플랫폼의 필요성이 증대되었고, 위워크와 에어비앤비 같은 공유 경제 비즈니스 모델이 등장했다. 프롭테크는 거래 및 플랫폼, 스마트 빌딩, 부동산 관리, 투자 및 금융, 공유 부동산, 도시 및 토지 개발, 분석 및 가치 평가 등 다양한 분야에 활용된다. 이는 부동산 산업의 디지털 전환을 통해 효율성, 접근성, 투명성을 높이고, 새로운 가치를 위한 변화를 이끌고 있다.

프롭테크와 핀테크

프롭테크와 핀테크(FinTech)는 전통 산업에 첨단 기술을 접목해 혁신을 추구한다는 공통점을 가진다(Baum, 2020; Ullah et al., 2018). 핀테크는 금융(Finance)과 기술(Technology)의 합성어로, ICT 기반 금융 혁신을 의미한다. 프롭테크와 핀테크는 인공지능, 빅데이터, 블록체인 등을 활용해 시장의 비효율성을 제거하고 사용자 경험을 개선하는 것을 목표로 한다. 특히 디지털 플랫폼을 통해 정보 비대칭성을 해소하고 시장의 투명성을 높이는 역할을 하며, 모바일 서비스 접근성 향상, 클라우드 기반 자료 관리, 맞춤형 서비스 제공 등의 공통된 특징을 가진다. 프롭테크와 핀테크는 사유재산의 가치 평가와 투자 의사 결정에서 기술을 기반으로 혁신을 주도하고 있다.

프롭테크와 핀테크는 적용 영역과 최종 목적에서 차이를 보인다. 프롭테크는 부동산의 물리적 자산 관리와 공간 활용 최적화에 집중하며, 스마트 빌딩, 사물인터넷 기반 운영 효율화, 공유 부동산 관리 등에 강점을 가지고 최근 메타도시, 증강 건축, 가상 도시 설계까지 영역이 확장되고 있다. 반면 핀테크는 금융 거래의 디지털화와 자산의 금융적 흐름에 중점을 두며, 결제 시스템 간소화,

디지털 대출, 로보어드바이저를 활용한 자산 관리 등을 핵심 사업 영역으로 한다.

두 분야의 공통 영역은 사유재산으로서의 부동산 금융에서 특히 두드러지게 나타난다. 크라우드펀딩과 개인 간 대출(P2PL: Peer to Peer Lending) 플랫폼을 통해 개인 부동산 투자의 소액화와 접근성을 높이고, 블록체인 기술을 활용해 부동산 거래의 투명성과 보안성을 강화한다. 인공지능과 빅데이터 분석으로 개인 부동산 자산의 가치 평가와 시장 동향을 예측하고 개인화된 투자 서비스를 제공하며, 디지털 플랫폼을 통해 부동산 투자와 금융 서비스를 통합적으로 제공하는 새로운 비즈니스 모델이 나타나고 있다. 이는 개인이 소유하고 투자하는 부동산 자산에 대한 기술적 혁신에 초점을 맞춘다.

ICT 발전에 따른 프롭테크 진화

1장에서 인류사 전반에 걸쳐 부동산에 적용된 기술과 현대의 신규 서비스로 진화한 대강의 맥락을 설명했다. 이 과정에서 인공지능이 적용된 부분은 최근 10년 이내 두드러진 ICT의 발전과 깊게 연관된다. 일부 전문가들은 프롭테크를 ICT의 발전과 그 적용 수준에 따라 1.0, 2.0, 3.0으로 구분하기도 한다(Baum, 2020). 1.0은 단순 디지털화 수준으로 기존 아날로그 정보를 디지털로 전환하는 수준이다. 2.0은 네트워크화 수준으로 인터넷과 모바일 기술을 통해 정보를 연결하고 공유하는 단계다. 3.0은 부동산 기술의 구현 결과가 지능화하는 수준이며 인공지능, 사물인터넷, 블록체인 등 첨단 ICT 기술을 활용해 부동산 산업의 혁신을 이끌고 있다.

프롭테크 1.0은 1980년대부터 2000년대 초반까지 이어진 부동산 산업의 초기 디지털화 단계를 의미한다. 이 시기에는 컴퓨터와 기초적인 정보 처리 기술이 도입되어 아날로그 형태의 부동산 정보를 디지털 형태로 전환하는 것이 주된 목적이었다. 적용된 주요 기술로는 자료관리 시스템(DBMS), 사무 자동화(OA) 시스템, 기초적인 컴퓨터 프로그래밍 등이 활용되었다. 이 시기의 가장 큰 특징은 수기로 작성되던 부동산 관련 문서와 정보들이 디지털 형태로 전환되었다는 점이다. 적용 분야는 주로 부동산 중개 사무소의 매물 관리, 임대차 계약서 작성, 기본적인 부동산 정보 관리 등에 국한되었다. 그러나 정보의 표준화가 미흡하고, 시스템 간 호환성이 부족했으며, 디지털화된 정보의 활용도도 낮았다.

프롭테크 2.0은 2000년대부터 2015년 사이에 인터넷과 모바일 기술을 이용한 네트워크 기반의 부동산 서비스를 의미한다. 프롭테크 2.0에서는 웹 기술, 모바일 애플리케이션, 클라우드 컴퓨팅 등이 핵심 기술로 활용되었으며, 위성 항법 시스템(GPS: Global Positioning System)과 디지털 지도 기술도 부동산 서비스에 접목되기 시작했다. 이 시기의 주요 특징은 온라인 부동산 중개 플랫폼의 등장과 부동산 정보의 네트워크화로, 시간과 공간의 제약 없이 부동산 정보에 접근할 수 있게 된 것이다. 부동산 매물 검색, 온라인 중개, 부동산 가격 정보 제공, 위치 기반 서비스 등이 주요 적용 분야였다. 하지만 정보의 신뢰성 검증이 어렵고, 여전히 거래의 최종 단계는 오프라인에서 이루어져야 했다. 플랫폼 간 정보 격차가 존재했다는 한계도 있었다.

프롭테크 3.0은 2015년 이후 현재까지 이어지는 단계로, 첨단 ICT 기술을 통합적으로 활용해 부동산 산업을 전면적으로 혁신하는 시기다. 인공지능, 사물인터넷, 빅데이터 분석, 블록체인, 가상현실, 증강현실 등 첨단 기술이 복합적으로 활용되고 있다. 이 시기의 가장 큰 특징은 부동산의 물리적 공간과 디지털 기술의 융합을 통한 스마트화이며, 자료 기반의 의사 결정이 가능해졌다는 점이다. 스마트 빌딩 관리, 부동산 자산 토큰화, 메타버스 부동산, 인공지능 기반 가치 평가, 스마트 컨트랙트 등 혁신적인 서비스가 계속 등장하고 있다. 현재는 기술의 안정성과 보안성 확보, 법·제도 정비, 기존 산업과의 조화 등이 주요 과제로 남아 있지만, 부동산 산업의 디지털 전환을 이끄는 핵심 동력으로 자리 잡고 있다.

프롭테크에 적용된 주요 인공지능 기술

프롭테크에는 예측 모델링 기반 부동산 가치 평가, 자연어 처리 기반 고객 서비스, 추천 시스템 기반 개인화 서비스, 컴퓨터 비전 기술 기반 스마트 건축, 최적화 알고리즘 기반 스마트 관리 등의 기술이 적용된다(Shaw, 2019; Ullah et al., 2018).

예측 모델링 및 가치 평가 기술은 부동산의 현재와 미래 가치를 정확하게 산정하는 인공지능 기술이다. 기계학습과 딥러닝(DL, Deep Learning) 알고리즘을 활용해 부동산 가격, 임대료, 공실률 등을 예측해 다양한 서비스들을 제공한다. 미국의 하우스캐너리(housecanary.com)는 인공지능 기반 부동산 가치 평가 및 시장 예측 서비스를, 스카이라인AI(skyline.ai)는 딥러닝 기반 부동산 투자 분석을, 매시바이저(mashvisor.com)는 투자 수익률 예측 및 분석을, 에노도(enodoinc.com)는 다세대 주택 가치 평가 및 임대료 예측을 제공한다. 대체로 부동산의 물리적 특성, 위치, 시장 동향, 경제 지표 등 다양한 자료를 분석해 가치를 평가한다.

자연어 처리 기술은 부동산 관련 대화와 문서를 분석해 24시간 고객에게 상담 서비스를 제공하고 문서 처리를 자동화한다. 홈즈봇(holmesbot.com)은 부동산 매매 관련 챗봇을, 레버튼AI(leverton.ai)는 계약 문서 분석 챗봇을, 세일즈포스 아인슈타인 부동산(https://bit.ly/4hfR98F)은 부동산 관련 챗봇을, 아파트먼트오션(apartmentocean.com)은 임대 상담 챗봇을 서비스한다.

추천 시스템은 사용자의 선호도와 행동 패턴을 분석해 최적의 부동산을 추천하는 인공지능 기술이다. 개인화된 추천 서비스를 통해 거래의 효율성을 높이고 있다. 질로우는 고객별로 맞춤형 주택을 추천하고, 콤파스(compass.com)는 인공지능 기반 부동산 매칭을 해 주고, 알이엑스홈즈(rexhomes.com)는 맞춤형 주택을 구매자와 판매자 간에 연결해 주며, 에이큐오(hqo.co)는 임차인의 경험 맞춤화를 제공한다. 이들은 모두 부동산 시장의 수요와 공급의 불일치를 줄이고 거래 성사율을 높이는 데 기여하고 있다.

컴퓨터 비전 기술은 이미지와 영상을 분석해 부동산의 상태를 평가하고 3D 모델링을 구현하는 기술이다.

드론, 카메라, 센서를 활용해 건물의 외관과 내부를 스캔하고 분석해 제공하는 서비스들이 있다. 매터포트(matterport.com)는 3D 가상 투어 및 공간 스캐닝을, 드론베이스(dronebase.com)는 드론 기반 부동산 검사·분석을 제공하고, 하버(hover.to)는 스마트폰으로 촬영한 사진을 활용해 건물의 3D 모델을 자동으로 생성하고, 빌도츠(buildots.com)는 건설 현장 실시간 점검 서비스를 제공하며 가상 투어 제작, 건물 하자 검출, 건설 현장 감독 등에 활용되고 부동산 거래·관리의 효율을 높인다.

최적화 알고리즘은 부동산의 운영과 관리를 효율화하는 인공지능 기술이다. 에너지 관리부터 공간 활용까지 다양한 영역에서 최적화 솔루션을 제공하고 있다. 네스트(nest.com)는 스마트홈 에너지 최적화 서비스를, 빌딩아이큐(buildingiq.com)는 빌딩 에너지 관리 최적화 서비스를, 버지센스(vergesense.com)는 공간 활용도 최적화 서비스를, 애퀴코어(aquicore.com)는 상업용 건물 운영 최적화 서비스를 제공하고, 빌딩의 운영 비용 절감과 사용자 경험 향상에 기여한다.

참고문헌

Baum, A.(2020). *PropTech 3.0: The future of real estate.* Oxford: SAI Business School, University of Oxford.

Shaw, J.(2019). Platform real estate: Theory and practice of new urban real estate markets. *Urban Geography, 40*(8), 1037–1064.

Slumbers, A.(2014.10.18). Designs on beauty. *The Estates Gazette*, 272–273.

Ullah, F., et al.(2018). A systematic review of smart real estate technology. *Sustainability, 10*(9), 3142.

03
예측 모델링 기반 부동산 가치 평가

부동산의 가치를 예측하는 프롭테크는 부동산 투자의 판도를 바꾸고 있다. 의사결정나무, XGBoost를 활용한 알고리즘은 면적, 위치뿐만 아니라 다양한 변수를 실시간으로 분석해 정교한 가치 평가를 가능하게 한다. 과거에는 전문가의 직관과 경험에 의존했지만, 이제 데이터 사이언스가 부동산 시장의 미래를 결정하는 핵심 열쇠가 되고 있다.

AI와 난임 극복?

기계학습 기반 가격 예측 사례

부동산 가격 예측은 가계 경제가 당면한 핵심 문제다. 2024년 기준으로 국내 가계 자산의 약 76%가 부동산이며, 주택 가격이 연 소득의 10배를 초과하는 상황(통계청, 2023)에서 특히 잘못된 부동산 구매 결정은 심각한 경제적 손실을 야기할 수 있다. 한국의 경우 좁은 국토에 도심의 높은 인구 밀도로 인해 주택 수요가 많고, 학군과 교통 등 입지 조건에 따라 가격 차이도 크다. 또한 양도세, 종합부동산세 등의 세금과 대출 규제, 전월세 가격 변동성은 부동산 투자와 주거 안정성을 복잡하게 만든다. 따라서 정확한 부동산 가격 예측은 필수적이며, 프롭테크 분야에서 인공지능 기술이 가장 먼저 도입된 영역은 기계학습을 활용한 부동산 가격 예측 서비스 분야이다.

하우스캐너리는 미국 전역을 대상으로 실시간 부동산 가치 평가와 시장 예측 서비스를 제공하고 있으며, 질로우는 북미 지역을 중심으로 자체 알고리즘 '제스티메이트(Zestimate, https://bit.ly/4gjNEwU)'를 구현해 주택 가격 추정서비스를 제공한다. 레드핀(redfin.com)은 미국과 캐나다 시장에서 부동산 가격 예측 모델과 함께 거래 성사 확률까지 예측하는 서비스를 제공하며, 이스라

엘의 프롭테크 기업 스카이라인AI는 세계적인 상업용 부동산 투자 분석 플랫폼을 운영한다. 또한 매시바이저는 미국 내 투자용 부동산의 수익률을 예측하고 분석하는 서비스를 제공하며, 에노도는 북미 지역의 다세대 주택의 가치 평가 및 임대료 예측 서비스를 제공한다.

한국서는 직방(zigbang.com)이 '직방 시세'를 통해 아파트 실거래가 예측 서비스를 제공하고 있고, 호갱노노(hogangnono.com)는 실거래가 기반의 시세 예측과 시장 분석 서비스를 운영한다. 부동산114(r114.com)는 부동산 가격 예측 모델을 서비스하고 있으며, 한국부동산원(reb.or.kr)은 자체적으로 부동산 가격 산정 서비스를 제공하고, 네이버 부동산(land.naver.com)은 시세 예측과 시장 동향 분석 서비스를 제공하며, 지지옥션(ggi.co.kr)은 법원경매 부동산의 낙찰 가격 예측 서비스를 제공하고 있다.

지리정보시스템 기반 헤도닉 가격 모형

지리정보시스템 기반 헤도닉(Hedonic) 가격 모형은 부동산 가치 평가에서 중요한 접근 방식이다. 이 모형은 건물의 물리적 특성뿐만 아니라 입지, 주변 환경, 접근성 등 다양한 요인이 부동산 가격에 미치는 영향을 통계적으로 분석한다. 지리정보시스템을 활용하면 공간 자료를 정밀하게 분석해 각 요인의 가격 영향력을 정량적으로 측정할 수 있다. 특히 한국과 같이 국토가 좁고 도시 구조가 복잡한 환경에서는 학교, 교통, 상업 시설 등 주변 요소의 영향을 반영해 더욱 정확한 가격 예측이 가능하다. 이를 통해 기존 헤도닉 모형의 한계를 극복하고 부동산 투자 의사 결정을 위한 객관적인 정보를 제공할 수 있다.

질로우의 '제스티메이트'는 공공 데이터와 사용자 제출 정보를 활용해 주택 가치를 추정한다. 레드핀 에스티메이트 모델(https://bit.ly/4hzUL5X)은 집값에 영향을 미치는 다양한 요소(위치, 면적, 방 개수, 최근 거래 가격, 주변 환경, 시장 변화 등) 수백 개를 분석해 주택 가치와 시장 동향을 분석한다. 코어로직(corelogic.com)은 지리정보시스템 기반 헤도닉 모델을 활용해 부동산의 위치, 주변 환경, 시장 요인 등을 반영한 가치 평가와 시장 예측 서비스를 제공한다. 부동산114는 REPS 통계 분석 솔루션(https://bit.ly/410c0HH)을 활용해 전국 부동산 공급, 가격, 지역 정보를 체계적으로 분석하고 제공한다. 이를 통해 지역별 부동산 가격 트렌드와 입지 요인을 평가하는 서비스를 운영하며, 부동산 시장의 데이터 기반 의사 결정을 돕는다.

프롭테크 가격 예측 관련 연구

부동산 가격 예측에 주로 사용되는 인공지능 기술은 의사결정나무(DT, Decision Tree), 랜덤포레스트(RF, Random Forest), 서포트벡터회귀(SVR, Support Vector Regression), XGBoost(XGB, eXtreme Gradient Boosting), 신경망(NN, Neural Networks) 등의 알고리즘이다.

의사결정나무 알고리즘은 자료와 속성을 나무 구조로 표현해 예측 및 분류에 활용하는 기법이다(Breiman et al., 1984). 나무의 뿌리(root)에서 시작해 가지(branch)를 따라가며 자료를 구분하고, 최종적으로 잎(leaf)에서 결정이 이루어진다. 부동산 가격 예측에서는 종속변수(주택 가격)의 평균과 기울기를 기준으로 자료를 나누어, 어떤 요인이 가격에 영향을 미치는지 분석할 수 있다. 예를 들어 주택 가격을 결정하는 주요 요인(위치, 면적, 학군 등)이 무엇인지 판단할 때, 최종적인 결정은 말단(leaf) 노드에서 확인된다. 의사결정나무는 아부다비의 토지(Al Marzooqi & Redouane, 2024), 일본의 임야(Derdouri & Murayama, 2020), 터키의 주택(Yucebaş et al., 2022) 가격 예측 연구에 적용되었다.

랜덤포레스트 알고리즘은 여러 개의 의사결정나무를 결합해 예측 성능을 높이는 기계학습 기법이다(Breiman et al., 2001). 의사결정나무 하나만 사용할 경우 자료가 특정 패턴에 과적합되어 알고 있는 문제만 잘 풀고 새로운 문제는 틀릴 위험이 커지지만, 랜덤포레스트는 여러 개의 나무를 랜덤하게 만들어 평균을 내기 때문에 더욱 안정적인 예측을 한다. 예를 들어 부동산 가격을 예측할 때, 어떤 나무는 부동산의 위치를 중심으로, 어떤 나무는 부동산의 면적을 중심으로 보면서 다양한 기준으로 예측을 수행하고, 최종적으로 모든 나무의 결과를 평균해 정확한 가격을 산출한다. 아부다비의 토지 가격(Al Marzooqi & Redouane, 2024), 후쿠시마의 임야 가격(Derdouri & Murayama, 2020), 홍콩의 주택 가격(Ho et al., 2021)과 한국의 아파트 경매 낙찰가격(Rhee et al., 2021) 예측에 폭넓게 활용되었다.

서포트벡터회귀 알고리즘은 자료의 패턴을 찾고, 새로운 자료에 대해 가장 최적의 예측선을 만드는 기계학습 기법이다. 일반적인 회귀 분석이 모든 자료 포인트를 고려해 평균적인 선을 그리는 것과 달리, 중요한 핵심 자료만 활용해 최적의 예측선을 찾는다(Cortes & Vapnik,

1995). 예를 들어 부동산 가격을 예측할 때, 많은 자료(면적, 위치, 방 수, 화장실 수, 구조, 학군 등) 중 핵심 자료(위치, 학군 등)를 중심으로 모델을 학습해 최적의 예측선을 만든다. 서포트벡터회귀는 특히 자료가 복잡하거나 이상치(Outlier)가 많은 부동산 시장과 같은 변동성이 높은 자료에 효과적으로 적용된다. 아부다비의 토지가격(Al Marzooqi & Redouane, 2024), 후쿠시마의 임야 가격(Derdouri & Murayama, 2020), 홍콩의 주택 가격(Ho et al., 2021) 예측에 적용되었고, 투자 상품의 가치 평가(Song et al., 2017)와 부동산 건축의 분류(Koo, 2019), 한국 임야 토지의 공매 가격 예측(문혜정 · 조남욱, 2024) 등에도 사용되었다.

XGBoost 알고리즘은 여러 개의 약한 예측 모델 의사결정나무를 조합해 점점 더 정확한 예측을 만들어 가는 기계학습 기법이다(Friedman, 2001; Chen & Guestrin, 2016). 기존 모델의 오차를 보완하면서 반복 학습하기 때문에, 한 번에 예측을 끝내는 것이 아니라 점점 더 똑똑해지는 방식으로 학습한다. XGBoost는 속도가 빠르고 예측력이 뛰어나며 과적합을 방지하는 기능이 있어, 부동산 가격 예측, 금융 자료 분석, 의료 자료 예측 등 다양한 분야에서 많이 활용된다. 후쿠시마의 임야 가격

(Derdouri & Murayama, 2020), 홍콩의 주택 가격(Ho et al., 2021)과 한국의 아파트 경매 낙찰가격(Rhee et al., 2021) 예측 연구에 사용되었다.

신경망 알고리즘은 사람의 뇌가 정보를 처리하는 방식을 모방한 인공지능 모델이다. 인간의 뇌에는 수많은 뉴런(neuron)이 연결되어 정보를 전달하는데, 신경망 입력 → 은닉층(중간 계산) → 출력 순서의 구조로 정보를 처리한다. 예를 들어 부동산 가격을 예측할 때 신경망은 위치, 면적, 학군 등의 정보를 입력받아 여러 층을 거치면서 복잡한 패턴을 학습하고 최적의 가격을 예측하는데, 단순한 공식으로 설명하기 어려운 비선형적인 관계까지 학습해 예측력이 높다. 김선아 · 전해정(2020)은 이전 자료의 흐름을 기억해 시간에 따른 변화를 예측하는 순환신경망(RNN, Recurrent Neural Network)과 과거 변동성을 분석해 금융 시장의 가격 변동과 같은 불규칙한 자료를 예측하는 일반화 자기회귀 조건부 이분산 모형(GARCH, Generalized Autoregressive Conditional Heteroskedasticity)을 결합해 서울 아파트 낙찰 가격을 예측했다. 또한 뇌의 신경망을 모방해 패턴을 학습하고 예측하는 인공신경망(ANN, Artificial Neural Network)을 이용해 서울 아파트 낙찰가격을 예측한 사례도 있다

(Kang et al., 2020).

참고문헌

김선아 · 전해정(2020). 딥러닝을 이용한 주택 경매시장 예측에 관한 연구. ≪부동산경영≫, 21, 7-26.

문혜정 · 조남욱(2024). 머신러닝 기반 한국 임야 공매의 낙찰가격 예측. ≪지능정보연구≫, 30(2), 177-194.

통계청(2023). 2023년 가계금융복지조사 결과.

Al Marzooqi, F. I., & Redouane, A.(2024). Predicting Real Estate Prices Using Machine Learning in Abu Dhabi. *Iraqi Journal of Science, 65*(3), 1689-1706.

Breiman, L., et al.(1984). *Classification and Regression Trees.* Taylor and Francis: Boca Raton.

Chen, T., & Guestrin, C.(2016). Xgboost: A scalable tree boosting system. Proceedings of the 22nd ACM SIGKDD, 785-794.

Cortes, C., & Vapnik, V.(1995). Support-vector networks. *Machine Learning*, 20, 273-297.

Derdouri, A., & Murayama, Y.(2020). A comparative study of land price estimation and mapping using regression kriging and machine learning algorithms across Fukushima prefecture, Japan. *Journal of Geographical Sciences*, 30, 794-822.

Friedman, J. H.(2001). Greedy function approximation: a gradient boosting machine. *Annals of Statistics*, 1189-1232.

Ho, W. K., et al.(2021). Predicting property prices with machine learning algorithms. *Journal of Property Research, 38*(1), 48-70.

Kang, J., et al.(2020). Developing a forecasting model for real estate auction prices using artificial intelligence. *Sustainability, 12*(7), 2899.

Koo, B., et al.(2019). Using support vector machines to classify building elements for checking the semantic integrity of building information models. *Automation in Construction,* 98, 183–194.

Rhee, J. T., et al.(2021). Using machine learning algorithms to forecast the optimal bidding rate in apartment auctions. *Quantitative Bio-Science, 40*(1), 31–37.

Song, J. H., et al.(2017). A Study on Commodity Asset Investment Model Based on Machine Learning Technique. *Journal of Intelligence and Information Systems, 23*(4), 127–146.

Yucebaş, S., et al.(2022). A C4.5-Cart Decision Tree Model for Real Estate Price Prediction and The Analysis of The Underlying Features. *Konya Journal of Engineering Sciences, 10*(1), 147–161.

04
자연어 처리 기반 고객 서비스

자연어 처리 기술은 복잡한 부동산 상담을 빠르게 해결하고, 방대한 거래 문서를 자동으로 분석한다. 전문 용어의 늪에서 헤매던 고객들은 이제 인공지능 챗봇을 통해 실시간으로 정확한 맞춤형 상담을 받을 수 있다. 계약서 하나를 검토하는 데 며칠이 걸리던 시간을 단 몇 초로 단축시키며, 법적 위험까지 자동으로 탐지한다. 인공지능은 부동산 고객 서비스의 든든한 파트너가 되고 있다.

AI와 사주?

자연어 처리 기반 부동산 문서 분석

부동산 거래는 계약서, 권리 관계 문서, 시설 현황 보고서 등 방대한 문서를 처리해야 한다. 기존 수작업은 검토시간이 길고 핵심 조항을 간과하는 위험이 높아서, 한국의 공인중개사법에서는 공인중개 중 발생하는 고의 또는 과실로 인해 발생한 재산상 손해에 대해 책임을 규정하고 있기도 하다(법 30조 1항). 자연어 처리 기술을 활용하면 상담 및 문서 처리 업무 효율을 높이고 위험도 낮출 수 있다. 최근에는 광학 문자 인식(OCR, Optical Character Recognition) 기술을 이용해 이미지 파일이나 종이 문서까지 자동으로 추출해 디지털화하고 분석할 수 있게 되었다.

자연어 처리는 네 단계로 수행된다. 첫째, 문장 분석을 통해 의미 있는 단어들을 추출하는 토큰화(Tokenization)다. 예를 들어, "이 토지 가격이 얼마야?"라는 문장은 토큰화 과정에서 "이", "토지", "가격이", "얼마야?" 형태로 구분된다. 둘째, 문법 분석을 통해서 명사, 동사, 형용사 등 단어들의 품사를 판별하고 문장의 구조를 분석하는 품사 태깅(Part-of-Speech Tagging)과정이다. 이 과정에서 "토지"와 "가격"은 명사로, "이"는 대명사로 태깅된다. 셋째, 문맥을 이해하는 의미 분석(Semantic

Analysis) 단계다. 예를 들어 "감정"이 가격 평가의 의미인지 긍정과 부정의 감성적 의미인지 판단한다. 마지막은 응답 생성을 위한 자연어 생성 단계다. 사용자의 "이 토지의 가격이 얼마야?"라는 질문에 대해, "1억 원입니다"와 같은 응답을 만든다.

키라시스템즈(kirasystems.com)는 계약서 검토 자동화 솔루션을 제공해 법률 전문가들이 계약서의 주요 조항을 자동으로 추출하고 분석할 수 있도록 실사(Due Diligence) 과정에서 효율성과 정확성을 높이고 있다(https://bit.ly/4gr2W30). 콩가(conga.com)는 세일즈포스와 연동되는 문서 분석 플랫폼을 운영하며(https://conga.com/salesforce), 계약서 및 기타 비즈니스 문서의 자동 분류와 데이터 추출을 지원해 부동산 관련 문서를 포함한 다양한 문서의 관리와 분석을 효율화할 수 있다.

자연어 처리를 부동산 분야에 적용한 초기 연구는 독일에서 이루어졌다. 이는 부동산 문서 8천여 건을 분석해 정보 추출 및 예측 모델을 개발한 것으로, 비정형 자료에서 유의미한 정보를 도출하는 방법론을 제안했다(Bodenbender et al., 2019). 이후 부동산 뉴스의 감성 분석을 활용해 시장의 긍정적/부정적 변화를 분석하고,

문서 속 단어들의 숨겨진 주제를 자동으로 찾아 주는 잠재 디리클레 할당(LDA, Latent Dirichlet Allocation) 토픽 모델링으로 주요 트렌드를 추적하는 연구가 진행되었다(Ploessl et al., 2021). 최근에는 딥러닝을 활용해 독일 부동산 세금 고지서에서 양방향 변환기 기반 모델을 통해 필드 수준 정보를 자동으로 추출해 문서 처리의 정확도를 높이는 연구가 수행되었다(Rombach et al., 2024). 또한 자연어 처리 기술을 활용해 주택 설명 텍스트에서 가격 결정 요인을 추출하고, 텍스트와 수치 자료를 결합한 하이브리드 모델로 주택 가격 예측력을 향상시킨 연구가 진행되었다(Zhang et al., 2024).

고객 상담 자동화

부동산 분야의 고객 상담은 지속적으로 발생하지만, 기존 인력 기반 상담으로는 모든 문의에 즉각적인 응대가 어려웠다. 특히 야간이나 주말에는 상담 인력 부족으로 고객 응대가 지연되어 불만이 발생했다. 또한 단순 반복적인 질문에도 상담원이 일일이 응대하므로 업무 효율성이 떨어졌다. 그러나 자동화된 상담 시스템을 도입하면 24시간 즉각 응대가 가능하며, 기본적인 문의 사항은 인공지능이 자동으로 처리해 상담원들은 더 전문적이고 복잡한 상담에 집중할 수 있다.

젠데스크(zendesk.com)는 인공지능 기반 고객 서비스 플랫폼으로, 부동산 관련 문의를 포함한 다양한 고객 요청을 자동으로 분류하고 응답할 수 있도록 지원한다. 고객이 입력한 질문의 유형을 분석해 적절한 답변을 자동 제공하며, 복잡한 상담이 필요한 경우 담당자에게 신속하게 티켓을 할당하는 기능도 포함되어 있다.

IBM 왓슨 어시스턴트(Watson Assistant)는 부동산 상담 솔루션에서 다국어 지원과 감정 분석 기능을 제공해, 글로벌 고객을 대상으로 더욱 정교한 자동 응답 서비스를 구현할 수 있도록 돕는다. 예를 들어 고객이 불만을 표출하면 친절하고 해결 중심적인 응답을 제공하고, 간단한 정보 요청에는 빠르고 직관적인 답변을 제시한다.

인터콤(intercom.com)은 부동산 기업이 고객과 실시간으로 소통할 수 있도록 라이브 채팅과 챗봇 기능을 제공하는 고객 지원 솔루션이다. 인공지능 기반으로 고객 문의를 자동 분류하여 적절한 담당자에게 할당하며, 상담 내역을 기록하고 분석해 기업이 향후 고객 응대를 개선할 수 있도록 돕는다.

프레시웍스(freshworks.com)는 고객 지원 자동화를 위한 기능을 제공하며, 특히 FAQ 자동 응답과 티켓 관리 시스템을 통해 부동산 기업이 효율적으로 고객 상담을 운영할 수 있도록 지원한다. 반복적 질문에 대해 즉각적 답변을 제공하고, 심층적인 상담이 필요한 경우 담당 부서로 전달한다.

라이브퍼슨(liveperson.com)은 인공지능 기반 대화형 커머스(Chat Commerce) 플랫폼으로, 부동산 기업이 고객과의 대화를 자동화하고 행동 패턴을 분석해 맞춤형 상담을 제공할 수 있도록 지원한다.

드리프트(drift.com)는 대화형 마케팅 플랫폼을 활용해 부동산 기업이 고객과의 초기 접점을 자동화할 수 있도록 돕는다. 방문자의 웹사이트 행동을 분석하고, 맞춤형 메시지를 제공해 고객이 필요한 정보를 빠르게 찾을 수 있도록 지원한다.

네이버 부동산은 인공지능 기반 챗봇을 활용해 고객의 부동산 관련 기본적인 상담을 자동화하며, 24시간 고객 응대 서비스를 제공한다. 사용자들이 특정 매물이나 지역 정보를 검색할 때, 챗봇이 관련 데이터를 즉시 제공하고 추가적인 질문에 응답할 수 있도록 설계되어 있다.

매매와 임대 상담 챗봇

기존 부동산 상담은 중개 사무소 방문이나 전화 상담에

의존해 시간과 장소의 제약이 있었다. 또한 여러 매물을 비교하려면 여러 중개 사무소를 방문해야 하는 번거로움이 있었다. 그러나 인공지능 챗봇을 활용하면 고객들은 원하는 시간에 즉시 매물 정보를 확인하고, 예산, 선호 지역, 면적 등을 기반으로 최적의 매물을 추천받을 수 있다. 또한 인공지능 챗봇은 실시간 시세, 주변 인프라, 교통 정보까지 제공해 고객의 의사 결정을 돕는다. 동시에 다수의 고객을 응대할 수 있어 중개 사무소의 상담 효율을 높이고, 잠재 고객 확보와 매출 증대에도 기여할 수 있다.

질로우의 챗봇은 부동산 매물 검색, 가격 추정 서비스, 자연어 검색, 개인화된 추천 기능을 제공한다(Zillow Group, 2023). 리얼터(realtor.com)는 페이스북 기반 챗봇을 통해 매물 검색과 일정 예약 서비스를 제공한다(Tidio, 2023). 아파트먼트닷컴(Apartments.com, 2023)은 인공지능 챗봇을 통해 임대 물건 검색, 가상 투어 예약, 상세한 임대 조건 안내 등 다양한 기능을 제공해 임차인과 임대인 간의 효율적인 소통을 지원한다. 레드핀(Redfin, 2023)은 챗GPT 플러그인을 도입해 사용자가 일상 언어로 원하는 주택의 조건을 입력하면 이에 맞는 매물을 추천하는 서비스를 제공한다. 하우스캐너리

(HouseCanary, 2023)는 캐너리AI(CanaryAI)라는 대화형 인공지능 도구를 통해 부동산 가치 평가와 시장 분석에 대한 질문에 신속하게 답변하며, 부동산 데이터와 분석 정보를 제공한다.

콴 외(Quan et al., 2018)는 부동산 챗봇의 리드 관리 자동화 시스템을 연구했으며, 자연어 처리를 활용해 고객 문의를 분류하고 부동산 매물 추천, 가격 상담, 일정 관리 기능을 통해 초기 상담의 효율을 높였다. 울라 외(Ullah et al., 2018)는 프롭테크 기술 도입의 주요 동인과 장애 요인을 분석해 사용 편의성, 인지된 유용성, 조직 준비도가 핵심 요인임을 도출했다. 질과 치크(Gill & Chick, 2019)는 기업 부동산 인공지능 도입 가이드라인을 제시하며, 자료 품질 관리, 시스템 통합, 변화 관리의 중요성을 강조했다. 또한 챗봇을 고객 응대, 다국어 지원, 계약 상담 등 단계적으로 고도화하해 24시간 7일 내내 서비스하며, 자료 수집을 통한 시장 분석과 투자 자문 도구로 활용하는 방안을 제안했다. 사이즈(Saiz, 2020)는 프롭테크가 부동산 중개, 공간 활용, 금융 분야에서 효율성과 투명성을 높이는 방식을 분석했으며, 챗봇이 초기 상담 자동화, 매물 검색 최적화, 가상 투어 안내 등을 통해 거래 비용을 절감하고 서비스 품질을 개선한다고 설명하고, 챗봇이 수집한 자료를 기반으로 가격 예측과 투자 자문 등 고부가가치 서비스를 제시했다.

참고문헌

Apartments.com(2023). Why use leasing AI chatbot? https://bit.ly/3CAko78

Bodenbender, M., et al.(2019). Broad application of artificial intelligence for document classification, information extraction and predictive analytics in real estate. *Journal of General Management, 44*(3), 170–179.

Gill, T., & Chick, E.(2019). A corporate real estate practitioner's guide to establishing a sustainable AI programme. *Corporate Real Estate Journal, 9*(2), 144–158.

HouseCanary(2023). HouseCanary launches CanaryAI: A first-of-its-kind AI-powered real estate assistant. https://bit.ly/410bhWZ

Ploessl, F., et al.(2021). Cyclicity of real estate-related trends. *Journal of European Real Estate Research, 14*(3), 381–400.

Quan, T., et al.(2018). Lead engagement by automated real estate chatbot. Conference in 2018 5th NAFOSTED(pp. 357–359). IEEE.

Redfin(2023). Redfin launches ChatGPT plugin to help people find their home. https://bit.ly/40GUMxt

Rombach, A. M., et al.(2024). Utilizing deep learning for field-level information extraction from German real estate tax notices. *Journal of Emerging Technologies in Accounting, 21*(1), 1–18.

Saiz, A.(2020). Bricks, mortar, and PropTech. *Journal of Property Investment & Finance, 38*(4), 327–347.

Tidio(2023). Real estate chatbots: How to automate customer service and sales. https://bit.ly/4jEFQJ0

Ullah, F., et al.(2018). A systematic review of smart real estate technology. *Sustainability, 10*(9), 3142.

Zhang, H., et al.(2024). Describe the house and I will tell you the price. *Natural Language Engineering, 30*(4), 661–695.

Zillow Group(2023). Discover Zillow's plugin on ChatGPT. https://bit.ly/4hGhOeY

05
추천 서비스 기반 프롭테크

인공지능과 빅데이터를 활용한 개인 맞춤형 추천은 새로운 부동산 경험을 제공하며, 사용자 행동 패턴 분석을 통한 수요 예측이 가능해졌다. 위치 기반 서비스와 결합한 새로운 정보 제공과 실시간 시장 분석이 가능하며, 구독형 서비스 등 새로운 비즈니스 모델이 등장했다. 이러한 자료 기반의 객관적 가치 평가와 디지털 플랫폼은 부동산 거래의 새로운 패러다임을 형성했다.

AI와 아이돌?

프롭테크 추천 서비스의 기준

프롭테크 분야의 추천 서비스는 고객의 현재 상태, 요구 사항, 과거 행동 자료를 분석해 맞춤형 부동산 정보를 제공하는 기술이다. 조건 기반 추천은 고객의 거주 지역, 재정 상태, 직장과의 거리 등을 분석해 최적의 매물을 제안하는 방식이다. 예를 들어 직장과 가까운 1억 원 이하 전세 아파트를 찾는 고객에게 해당 조건을 만족하는 매물을 추천하는 것이다. 요구 사항 기반 추천은 선호 지역, 학군, 생활 편의 시설, 반려동물 동반 가능 여부 등을 고려해 고객 맞춤형 매물을 제안하는 방식이다. 행동 기반 추천은 고객이 과거에 검색한 매물, 즐겨찾기한 지역, 조회한 가격대 등을 분석해 추천을 최적화하며, 예를 들어 신축 아파트를 자주 검색한 고객에게 신규 분양 정보를 제공하는 것이다.

추천 서비스는 일반적으로 고객의 재무 자료(소득, 자산, 대출 한도, 신용도), 인구 특성 자료(연령, 직업, 가구 구성), 투자 성향 자료(투자 목적, 위험 선호도) 등에서 분석한 정보를 활용한다. 이러한 자료는 금융기관 자료 연동, 회원가입 정보, 설문조사 등 다양한 채널로 수집된다. 수집된 자료는 군집화 알고리즘을 통해 유사 고객군을 분류하고, 규칙 기반 필터링으로 적합한 매물을 1차

선별한다. 이때 신용 평가 모델과 연계해 대출 가능 여부와 한도를 실시간으로 확인하고 이를 매물 추천에 반영한다. 또한 의사결정나무 알고리즘을 적용해 고객 조건에 따른 최적의 매물이나 서비스를 단계적으로 추천한다. 대표적으로 직방은 먼저 군집화 분석을 통해 신혼부부, 노년층, 투자자 등 고객군별 맞춤형 매물 추천 서비스를 제공한다.

고객이 명시적으로 제시하는 선호 자료(가격, 면적, 방 수, 층 수), 위치 자료(선호 지역, 교통, 학군), 계약 조건(계약 기간, 입주 시기, 보증금) 등은 검색 필터 설정, 상담 내용, 문의 사항 등을 통해 수집된다. 또한 자연어 처리 기술을 활용해 고객의 상담이나 문의 내용에서 핵심 요구 사항을 추출하고 분석한다. 다중 조건 최적화 알고리즘을 통해 다양한 요구 사항의 우선순위를 고려해 추천하며, 내용 기반 필터링을 적용해 고객의 요구 사항과 매물의 특성을 매칭한다. 또한 위치 기반 자료 분석을 통해 주변 기반 시설과 생활 편의성을 고려한 추천도 제공한다. 미국의 대표적인 온라인 부동산 정보 제공업체인 질로우는 고객의 요구 사항을 분석해 적정 가격 예측 및 맞춤형 매물을 추천하는 '제스티메이트' 서비스를 제공한다.

고객의 서비스 이용 자료(이동, 검색, 체류 시간), 상담 자료(문의, 상담), 거래 자료(계약 이력, 거주 기간, 관리비 납부) 등의 행동 자료를 분석한다. 이러한 행동 자료는 웹로그, 앱 사용 기록, 거래 기록 등을 통해 자동으로 수집된다. 추천 서비스는 협업 필터링 알고리즘을 적용해 유사한 행동 패턴을 보이는 사용자들의 선호도를 기반으로 하며, 연속 패턴 분석을 통해 고객의 서비스 이용 흐름을 분석하고 다음 행동을 예측한다. 이후에도 강화학습을 적용해 추천의 정확도를 지속적으로 개선하고, 고객 반응에 따라 추천 전략을 최적화한다. 한편 네이버 부동산은 사용자의 매물 조회 기록과 검색 패턴을 분석해 관심 지역의 신규 매물과 가격 변동 정보를 맞춤형으로 제공한다.

프롭테크 추천 서비스 주이용 고객

프롭테크를 통한 추천 서비스를 주로 활용하는 대상은 주로 고객의 요구에 따른 주택이나 토지 등 부동산의 매매 거래 성사를 위한 매도자와 매수자, 부동산을 임대차할 때의 임대인과 임차인 네 그룹이다.

먼저 부동산 시장의 매물을 고객 맞춤형으로 추천하는 서비스는 매매/임대 물건의 특성과 고객의 선호도를 매칭한다. 매물의 위치, 가격, 면적, 층수 등 기본 정보와 함께 주변 인프라, 투자 가치, 시세 변동 등 부가 정보를 종합적으로 분석한다. 이때 내용 기반 필터링 기술을 활용해 매물의 특성을 분석하고, 협업 필터링으로 유사 선호도를 가진 사용자들의 패턴을 분석한다. 협업 필터링은 비슷한 취향을 가진 다른 사람들이 선택한 것을 추천해 주는 방식이다. 예를 들어, 고객과 비슷한 조건에서 집을 찾았던 사람들이 최종적으로 어떤 매물을 선택했는지를 분석해 추천하는 것이다. 위치 기반 알고리즘은 주변 시설과의 접근성을 계산하고, 가격 예측 모델로 매물의 미래 가치를 추정하는 데 적용된다. 이 외에도 이미지 인식 기술로 매물 사진을 분석해 실내 상태와 인테리어 특성을 자동으로 분류한다. 최종적으로 사용자의 검색 조건과 매물 특성을 다중 조건 최적화 알고리즘으로 매칭한다. 직방은 '지킴' 서비스를 통해 매물 분석 리포트를 제공하며, 매물 상황에 따른 추천 특약 등을 알려준다. 질로우는 방문자들의 관심사와 검색 기록 등을 분석해 적합한 매물을 추천해 주는 '베스트 매치' 기능을 제공한다.

부동산 거래 당사자 간 최적 매칭을 제공하는 서비스는 양측의 거래 조건과 선호도를 분석해 계약 성사 가능성이 높은 조합을 추천한다. 매도자의 매물 특성, 희망 거래 조건, 거래 시급성과 매수자의 예산, 선호 조건, 투자 목적 등을 종합적으로 고려한다. 양방향 매칭 알고리즘으로 거래 당사자 간 선호도의 상호 호환성을 평가하며, 거래 이력 자료를 분석해 성공적인 거래 패턴을 학습하고 이를 매칭에 반영한다. 또한 실시간 시장 상황과 가격 동향을 고려해 매칭 우선순위를 조정하며, 신용도와 거래 이력을 활용해 거래 신뢰도를 평가하고 매칭에 반영하기도 한다. 네이버 부동산은 매도자와 매수자 간 직거래 매칭 시스템을 운영하며, 중개인을 거치지 않고 직접 매물을 등록 · 검색하며, 직거래 매물은 별도로 표시해 매도자와 매수자가 직접 연락하고 거래할 수 있다. 콤파스는 매수자의 선호도를 분석해 매물 추천, 성과 추적, 연락처 관리, 마케팅, 인사이트 분석 등의 기능을 지원하고 있다.

임대차 거래의 경우 양측 당사자를 연결하는 서비스는 임대 조건과 임차 수요를 분석해 최적의 매칭을 제공한다. 임대인의 물건 정보, 임대 조건, 선호 임차인 특성과 임차인의 예산, 주거 선호도, 계약 조건 등을 분석한다. 과거 임대차 계약 이력과 거주 패턴을 분석해 장기 계약 가능성이 높은 조합을 우선 추천하고, 임차인의 신용도와 임대료 납부 이력을 평가해 안정적인 임대차 관계 형성을 지원한다. 추가적으로 주거 스타일과 생활 패턴을 고려한 매칭으로 임대차 만족도를 높이며, 임대 관리 서비스 연계를 통해 계약 이후의 안정적인 관리도 가능하게 한다. 한국의 경우 피터팬(peterpanz.com)의 좋은방 구하기는 임대인과 임차인 매칭 플랫폼을 운영하며, 일본의 LIFULL(lifull.com)은 인공지능 기반 임대차 매칭 시스템을 제공한다.

프롭테크 추천 서비스 적용 기술

유사한 특성의 매물, 매매자, 임차인을 그룹화할 때에는 자료를 유사한 특성을 가진 그룹으로 나누는 비지도 학습 방법인 군집분석(Hartigan, 1975)을 활용한다. 군집분석에서는 K-means, DBSCAN 등의 알고리즘을 적용하며, 매물은 물리적 특성, 매매자는 거래 전략, 임차인은 선호도와 패턴을 기준으로 군집화해 맞춤형 서비스를 제공한다. 군집 결과는 신규 사용자 매칭 시 기준이 되며, 시장 세분화와 트렌드 변화를 분석한다.

미콜로프 외(Mikolov et al., 2013)의 연구는 고차원 자료를 의미를 유지한 채 저차원 벡터로 변환하는 임베딩 기술을 소개한다. 이를 부동산 자료에 적용하면 매물의 위치, 면적, 가격, 거래 특성, 임차인의 행동 패턴 등을 수치화해 인공지능이 이해할 수 있도록 만든다. 단어 간의 의미를 숫자로 표현하는 기술인 Word2Vec 방식과 두 단어가 얼마나 비슷한지를 계산하는 코사인 유사도를 활용해 비슷한 특성을 가진 매물이나 고객을 자동으로 추천하는 시스템을 구축할 수 있다. 또한 시간에 따른 임베딩 변화를 분석하면 소비자의 선호도 변화나 부동산 시장의 트렌드를 추적하는 데 활용할 수 있다. 쉽게 말해, 인공지능이 부동산 자료를 학습해 사람이 직관적으로 찾기 어려운 패턴을 발견하고, 보다 정확한 추천과 예측을 가능하게 하는 기술이다.

인간의 언어를 컴퓨터가 이해하고 처리할 수 있도록 하는 자연어 처리 기술(Allen, 1995)은 BERT, GPT 등 최신 언어 모델을 활용해 부동산 관련 텍스트를 분석한다. 매물 설명문의 특성을 추출하고, 매매자의 매도 조건과 임차인의 검색 의도를 분석해 최적으로 매칭한다. 리뷰와 평판 분석으로 만족도를 평가하고, 챗봇으로 요구 사항을 파악하며, 시장 동향 분석으로 투자 가치를 평가하기도 한다.

이미지를 분석하고 이해하고 해석할 수 있게 만드는 컴퓨터 비전 기술(Marr, 1982)은 CNN 등 딥러닝 모델을 활용해 부동산 이미지의 다양한 특성을 분석한다. 실내외 이미지에서 인테리어, 마감재, 공간 구조, 건물 상태, 주변 환경 등을 평가하고, 사용자의 이미지 선호도를 학습한다. VR과 드론 이미지로 공간감과 개발 현황을 분석한다.

시간에 따른 부동산 시장의 변화를 분석할 때에는 시간에 따라 변하는 자료를 분석해 미래를 예측하는 시계열 분석 기술(Box et al., 1976)인 ARIMA, Prophet 등의 모델을 활용한다. 가격 추세와 시장 패턴을 분석해 시세를 예측하고, 매매자의 가격 조정과 임차인의 계약 패턴을 분석하며, 시장 이벤트의 영향을 평가한다.

객체와 관계를 점과 선으로 표현해 분석하는 그래프 분석 기술(Freeman, 1978)은 Gephi, Neo4j 등 그래프 분석 도구를 활용해 부동산 시장의 복잡한 관계를 모델링한다. 매물 간 유사도, 매매자 간 경쟁 관계, 임차인의 탐색 경로를 분석하고, 지역 연결성과 중개인 신뢰도를 평가한다.

에이전트가 환경과 상호작용하며 보상을 최대화하는 정책을 학습하는 강화학습 기술(Sutton & Barto, 1998)은 큐러닝(Q-Learning), 디큐엔(DQN, Deep Q-Network) 등의 알고리즘을 활용해 추천 전략을 최적화한다. 큐러닝은 주어진 상태에서 어떤 행동이 최적인지를 학습하는 강화학습 알고리즘으로, 부동산 가격이나 매매와 같은 행동의 가치(Q-value)를 반복적으로 업데이트하며 최적의 정책을 찾아내는 방식이다. 디큐엔 알고리즘은 큐러닝에 딥러닝을 결합해 복잡한 환경에서도 효과적으로 학습할 수 있도록 한 알고리즘으로, 특히 높은 차원의 입력(예: 가격, 지질, 교통, 유동 인구 등 결합 화면)을 직접 처리할 수 있다는 것이 특징이다. 사용자의 반응을 보상으로 설정해 매물 노출과 가격 전략을 최적화하고, 선호도 변화에 적응하며, 만족도를 고려한다.

참고문헌

Allen, J.(1995). *Natural language understanding* (2nd ed.). MA: Addison-Wesley.

Box, G. E. P., et al.(1976). *Time series analysis: Forecasting and control* (2nd ed.). CA: Holden-Day.

Freeman, L. C.(1978). Centrality in social networks. *Social Networks, 1*(3), 215-239.

Hartigan, J. A.(1975). *Clustering algorithms.* NY: John Wiley & Sons.

Marr, D.(1982). *Vision: A computational investigation into the human representation and processing of visual information.* CA: W. H. Freeman and Company.

Mikolov, T., et al.(2013). Efficient estimation of word

representations in vector space. Conference on Learning Representations (ICLR).

Sutton, R., & Barto, A.(1998). *Reinforcement learning: An introduction.* MA: MIT Press.

06
컴퓨터 비전 기반 스마트 건축

첨단 프롭테크의 심장부, 컴퓨터 비전 기술이 건축의 판도를 뒤흔든다! 3D 스캐닝, 딥러닝 알고리즘으로 건물은 이제 실시간으로 숨결을 드러내며 자신의 상태를 말한다. 건물의 모든 순간을 자료화하고, 공간을 정밀하게 분석하는 인공지능 기반 스마트 건축 기술은 전통적인 건설 방식을 완전히 바꾸고 있다.

AI와 야구?

공간 디지털화 및 모델링

공간 디지털화 및 모델링 서비스는 건물의 완벽한 디지털 복제본을 만들어 다양한 목적으로 활용한다. 가상 투어 서비스로 원격 매물 확인이 가능하며, 건축가와 디자이너는 3D 모델로 설계 변경을 시뮬레이션할 수 있다. 건축정보모델링 통합 서비스는 건물의 전 생애 주기를 관리하며, 증강현실 기술과 결합해 실제 공간에서 변경 사항을 시각화할 수 있다. 공간 측정 서비스는 정확한 면적과 치수 정보를 제공하고, 실내 공간 계획 서비스로 가구 배치와 동선 최적화가 가능하다. 그 결과 임대 관리자는 공실률을 줄여 임대 수익을 최적화할 수 있으며, 건물 소유자는 자산 가치 평가와 재난 대비 디지털 아카이브로 활용할 수 있다.

매터포트가 3D 가상투어 플랫폼으로 글로벌 시장을 주도하고 있으며, 오토데스크(autodesk.com)의 BIM 360(autodesk.com/bim-360)은 건설 프로젝트 디지털화의 표준이 되었다. 유니티(unity.com)는 실시간 3D 렌더링 기술로 혁신적 건축 시각화를, 큐비카사(cubi.casa)는 인공지능 기반 자동 도면 생성 서비스를 제공한다. 스트럭션사이트(structionsite.com)는 360도 카메라로 건설 현장 문서화의 새로운 표준을 제시했다.

국내에서는 네이버가 실감형 가상현실 투어로 상업 공간의 디지털화를 선도하고, 직방은 3D 스캐닝 기술로 아파트 실내 VR 투어 서비스를 제공한다. 삼성물산(samsungcnt.com)은 C2 House 프로젝트에 건축정보모델링 기술을 전면 도입했다. 한화건설(hwenc.co.kr)은 포레나 브랜드에 3D 모델링 기술을 적극적으로 활용하고 있다.

공간을 디지털화하기 위해 라이다(LiDAR: Light Detection And Ranging) 센서와 포토그래머트리 기술로 3D 스캐닝을 수행하며, 획득한 포인트 클라우드 자료는 노이즈 제거와 메시 변환 과정을 거친다. 라이다센서는 레이저를 쏘고 반사되어 돌아오는 시간을 측정해 거리와 위치를 파악하는 기술이다. 딥러닝 기반 객체 인식 기술로 건물의 구성 요소를 자동으로 식별하고 분류하며, 산업 기초 클래스(IFC, Industry Foundation Classes) 표준을 기반으로 3D 모델과 건물 정보를 건축정보모델링으로 통합한다. 웹지엘(WebGL: Web Graphics Library)과 유니티(Unity) 등의 엔진으로 실시간 3D 렌더링을 구현하고, 슬램(SLAM: Simultaneous Localization And Mapping) 기술을 통해 실시간 공간 매핑이 가능하다. 대용량 3D 자료는 효율적인 압축 알고리즘으로 처리하며, 증강현실과 가상현실 기술로 사용자에게 직관적인 공간 정보를 제공한다.

비드워시 외(Bydłosz et al., 2018)는 딥러닝 기반 객체 인식 기술로 건물의 구성 요소를 자동으로 식별하고 분류하며, 산업 기초 클래스 표준을 기반으로 3D 모델과 건물 정보를 건축정보모델링으로 통합하는 방법론을 개발했다. 넴티노프 외(Nemtinov et al., 2018)는 웹지엘과 유니티 등의 엔진으로 실시간 3D 렌더링을 구현하고, 슬램 기술을 통해 실시간 공간 매핑이 가능한 도시 개발 가상 모델을 제시했다. 대용량 3D 자료는 효율적인 압축 알고리즘으로 처리하며, 증강현실과 가상현실 기술로 사용자에게 직관적인 공간 정보를 제공하는 방안을 연구했다. 요바노비치밀렌코비치와 페트로비치(Jovanovic-Milenkovic & Petrovic, 2023)는 지리공간 자료의 디지털화를 위해 라이다 센서와 포토그래메트리 기술로 3D 스캐닝하고, 획득한 포인트 클라우드 자료는 잡음 제거와 메시 변환 과정을 거치는 모델을 제안했다. 메시 변환은 3D 스캐닝으로 얻은 점으로 이루어진 자료를 연결해 실제 형태처럼 보이게 만드는 작업이다.

건물 상태 점검 · 관리

건물 상태 점검 · 관리 서비스는 건물의 안전과 성능을 관리한다. 드론으로 외벽을 검사해 고층 건물의 안전 진단을 수행하고, 열화상 카메라로 에너지 손실 지점을 파악한다. 인공지능 기반 균열 탐지로 구조적 문제를 조기 발견하며, 정기적으로 보고해 의사 결정을 지원한다. 또한 실시간 점검 · 관리로 구조적 변형을 감지하고, 예측 유지 보수로 선제적 대응이 가능하다. 보험사와 연계해 위험 평가와 에너지 성능 인증을 제공하며, 디지털 트윈 기반의 시뮬레이션으로 구조 변경의 영향을 예측할 수 있다.

사례는 다음과 같다. 우선 드론베이스는 세계적으로 드론 기반 건물 검사 서비스를 제공한다. 사이트어웨어(siteaware.com)는 인공지능 기반 외벽 품질 관리 플랫폼을 운영한다. 센소하이브(sensohive.com)는 사물인터넷 기반 콘크리트 구조물을 실시간으로 점검한다. 필러테크놀로지(pillar.tech)는 인공지능 기반 실내 환경 감독 솔루션을 제공한다. 현대건설(hdec.kr)은 인공지능 드론을 활용한 교량 안전 진단 시스템을 운영하고 있다. SKT(skt.com)는 인공지능 기반 건물 균열 탐지 시스템을 개발해 시설물의 안전 관리를 자동화하고 있다. 포스코건설(poscoenc.com)은 스마트 건설 안전 관리 플랫폼을 강화했다. 대우건설(daewooenc.com)은 열화상 카메라를 활용한 에너지 효율 진단 서비스를 제공한다. GS건설(gsconst.co.kr)은 사물인터넷 기반 구조물 점검 · 관리 시스템을 구축했다.

건물의 점검 · 관리를 위해 딥러닝 기반 이미지 프로세싱으로 균열 · 손상을 자동 검출하고, 적외선 열화상 카메라로 열 손실 · 누수를 감지한다. 드론은 위성항법시스템(GNSS, Global Navigation Satellite System)과 관성항법시스템(INS, Inertial Navigation System) 기반 정밀 항법으로 자율비행하며, 다양한 센서의 자료는 퓨전 알고리즘으로 통합 처리된다. 인공지능 기반 패턴 인식으로 이상 징후를 탐지하고 예측하며, 드론으로 촬영한 자료는 3D 매핑 알고리즘으로 모델링된다. 그 외에도 유한요소법으로 구조물의 안전성을 분석하고, 시계열 분석을 통해 건물 상태의 변화 패턴을 파악한다.

건설 프로세스 관리

건설 프로세스 전반을 잘 관리해야 건설 현장의 효율성과 안전성을 높일 수 있다. 먼저 실시간 공정 관리 서비스를 통해 공사 진행 상황을 정확하게 파악하고 관리할 수 있다. 인공지능 기반 안전 점검 · 관리 서비스는 작업자의 안전 위험을 사전에 감지해 사고를 예방한다. 자재 관리 서비스는 재고 현황과 위치를 실시간으로 추적하고, 품질 검사 자동화로 시공 품질을 일관되게 유지할 수 있다. 공정 지연 예측 서비스는 잠재적 문제를 조기에 발견하고 대응할 수 있게 한다. 현장과 본사 간 실시간 정보 공유 서비스는 의사 결정을 신속하게 하며, 규제 준수 점검 서비스는 법적 요구 사항 충족을 보장한다. 날씨 기반 공정 최적화 서비스로 기상 조건에 따른 작업 계획을 조정할 수 있다. 디지털 문서화 서비스는 모든 공사 과정을 상세히 기록하고 관리하며, 프로젝트 완료 후 유지 보수를 위한 상세 정보를 제공한다.

빌도츠는 인공지능 기반 건설 현장 진행 상황 점검 · 관리 플랫폼을 제공한다. 오픈스페이스(openspace.ai)는 360도 카메라와 인공지능을 활용한 공정 관리 솔루션을 운영한다. 프로코어(procore.com)는 클라우드 기반 건설 사업 관리 플랫폼으로 성장했다. 홀로빌더(holobuilder.com)는 360도 사진 기반 공정 문서화 서비스를 제공한다. 디스퍼스(disperse.io)는 인공지능 기반 건설 프로세스 최적화 플랫폼을 운영하고 있다. 롯데건설(lottecon.co.kr)은 인공지능 기반 공정 관리 시스템을 도입해 사업 관리 효율을 높였다. 현대엔지니어링(hec.co.kr)은 드론과 인공지능을 결합한 스마트 건설 관리 플랫폼을 운영한다. 대림산업(daelim.co.kr)은 사물인터넷 기반 인공지능을 활용한 안전 관리 시스템을 구축했다. 삼성 SDS(samsungsds.com)는 자체 개발한 빅데이터 분석 플랫폼 브라이틱스(Brightics)와 사물인터넷으로 건설 현장 실시간 점검 · 관리 서비스를 제공한다. KT는 5G 기반 스마트 건설관리 솔루션을 개발했다.

건설 현장의 직접적인 절차 관리는 영상 분석 기술로 공정 진행을 감독하고, 인공지능 기반 객체 추적으로 작업자와 장비의 위치를 실시간으로 파악한다. 시맨틱 분할 기술로 현장 상황을 의미론적으로 분석하고, 건축정보모델링 자료와 실제 시공 현황을 자동으로 비교한다. 인공지능 알고리즘으로 작업 일정과 자원 할당을 최적화하고, 딥러닝 기반 안전 감독으로 위험 상황을 감지한다. 현장 자료를 실시간으로 수집 · 통합 처리하는 클라우드 플랫폼을 통해 대규모 건설 자료를 효율적으로 관리 · 공유한다.

공과 칼다스(Gong & Caldas, 2010)는 건설 현장의 프로세스를 관리하기 위해 실시간 영상 분석 기술로 공정 진행을 점검 · 관리하고, 인공지능 기반 객체 추적으로 작업자와 장비의 위치를 실시간으로 파악하는 비디오 해석 모델을 개발했다. 쉬 외(Xu et al., 2021)는 시맨틱 분할 기술로 현장 상황을 의미론적으로 분석하고, 건축 정보모델링 자료와 실제 시공 현황을 자동으로 비교하는 컴퓨터 비전 기술을 체계적으로 검토해 인공지능 알고리즘으로 작업 일정과 자원 할당을 최적화하고, 딥러닝 기반 안전 점검·관리로 위험 상황을 감지하는 방법론을 제시했다. 레자 외(Reja et al., 2022)는 다양한 현장 자료를 실시간으로 수집해 통합 처리하며, 클라우드 플랫폼을 통해 대규모 건설 자료를 효율적으로 관리하고 공유하는 컴퓨터 비전 기반 건설 점검·관리 시스템을 개발했다.

서 외(Seo et al., 2015)는 건설 현장의 안전과 건강 점검·관리에 컴퓨터 비전 기술을 적용하는 방법을 연구했으며, 작업자의 안전 규정 준수와 위험 상황 실시간 감지를 위한 혁신적 접근법을 제시했다. 코흐 외(Koch et al., 2015)는 콘크리트와 아스팔트 기반 시설의 결함 탐지를 위한 컴퓨터 비전 기술을 검토하고, 이미지 처리와 기계 학습으로 구조적 손상을 자동 감지하는 방법을 분석했다. 장 외(Zhang et al., 2021)는 사이버·물리 시스템에서 컴퓨터 비전 기술을 활용한 건설 프로세스 감지

방법을 검토하고, 작업 진행과 품질 관리의 실시간 점검 · 관리 방식을 제시했다.

참고문헌

Bydłosz, J., et al.(2018). The implementation of spatial planning objects in a 3D cadastral model. *ISPRS international journal of geo-information, 7*(4), 153.

Gong, J., & Caldas, C. H.(2010). Computer vision-based video interpretation model for automated productivity analysis of construction operations. *Journal of Computing in Civil Engineering, 24*(3), 252-263.

Jovanovic-Milenkovic, M., & Petrovic, F.(2023). The Impact of Digitization on the Formation of a New Model for Geospatial Data. *Sustainability, 15*(22), 16009.

Koch, C., et al.(2015). A review on computer vision based defect detection and condition assessment of concrete and asphalt civil infrastructure. *Advanced engineering informatics, 29*(2), 196-210.

Nemtinov, V. A., et al.(2018). Implementation of technology for creating virtual spatial-temporal models of urban development history. *Научная визуализация, 10*(3), 99-107.

Reja, V. K., et al.(2022). Computer vision-based construction progress monitoring. *Automation in Construction*, 138, 104245.

Seo, J., et al.(2015). Computer vision techniques for construction safety and health monitoring. *Advanced Engineering Informatics, 29*(2), 239-251.

Xu, S., et al.(2021). Computer vision techniques in construction: a critical review. *Archives of Computational Methods in Engineering*, 28, 3383–3397.

Zhang, B., et al.(2021). Computer vision-based construction process sensing for cyber-physical systems: A review. *Sensors, 21*(16), 5468.

07
최적화 알고리즘 기반 스마트 관리

스마트 건축은 설계와 시공 단계에서 건물의 물리적 구조와 공간을 최적화하는 데 초점을 맞추며, 컴퓨터 비전 기술로 현장 관리와 품질 검수를 수행한다. 한편, 스마트 관리는 준공 후 운영 단계에서 건물의 에너지, 시설, 공간, 보안 등을 최적화하는 데 중점을 둔다. 스마트 관리의 대표 서비스는 에너지 관리 최적화, 시설 유지 보수 최적화, 공간 활용 최적화, 보안 · 방재 시스템 네 분야다.

AI와 윤동주?

에너지 관리 최적화

에너지 관리 최적화는 건물의 에너지 사용을 효율적으로 관리해 운영 비용을 절감하고 환경 영향을 최소화하는 것을 목표로 한다. 실시간으로 수집되는 에너지 사용량 자료를 분석해 낭비 요소를 파악하고 개선점을 도출한다. 기후 자료와 건물 사용 패턴을 학습한 인공지능 모델이 최적의 냉난방 제어 방안을 결정하고 자동으로 실행한다. 또한 사용자의 위치와 선호도를 고려한 개별 공간 단위의 환경 제어로 에너지 효율과 사용자 만족도를 동시에 높이며, 태양광, 지열 등 신재생 에너지 설비의 발전량을 예측하고 최적의 운영 계획을 수립한다. 아울러 전력 수요가 높은 시간대를 예측해 피크 부하를 관리하고 전력 요금을 절감하며, 에너지 사용 현황과 절감 효과를 시각화해 제공하고 절감 목표 달성을 위한 개선안을 제시한다. 건물 에너지 관리 시스템(BEMS, Building Energy Management System)과 연동해 통합적인 에너지 관리가 가능하다.

슈나이더일렉트릭(se.com)은 에코스트럭처(EcoStruxure) 플랫폼을 통해 글로벌 기업들의 에너지 관리를 수행한다. 구글(google.com)은 딥마인드(DeepMind) 인공지능을 활용해 자료 센터 냉각 시스템을 최적화해 40%

의 에너지를 절감했다. 존슨콘트롤스(johnsoncontrols.com)의 오픈블루(OpenBlue) 플랫폼은 건물 전체의 에너지 사용을 통합 관리한다. 삼성물산은 래미안 아파트에 홈 사물인터넷 기반 에너지 관리 시스템을 도입했다. KT는 인공지능 기반 빌딩 에너지 관리 시스템 '케이티-비이엠에스(KT-BEMS)'를 운영한다. 엘지시엔에스(lgcns.com)는 '비이엠에스(BeMS)'를 통해 전국 100개 이상 빌딩의 에너지를 관리한다. SKT는 공공기관과 협력해서 지능형 에너지 관리 시스템을 구축했다. 포스코건설(poscoenc.com)은 더샵 아파트에 스마트 에너지 절감 시스템을 적용했다.

버터(Buter, 2019)는 프롭테크를 활용한 사무실 건물의 에너지 절감 구현에서 발생하는 도전 과제들을 분석했다. 특히 기존 설비와의 호환성과 초기 구축 비용을 주요 장애 요인으로 지적하고, 단계적 도입 전략의 중요성을 강조했다. 스타 외(Starr et al., 2021)는 부동산 산업에서 프롭테크의 부상과 그 영향력을 연구했으며, 인공지능, 빅데이터, 사물인터넷 등 신기술이 부동산 산업의 효율성과 투명성을 향상시킬 것으로 전망했다. 탠과 밀러(Tan & Miller, 2023)는 부동산 운영 관리 분야에서 디지털화와 지속 가능성의 연계성을 연구했다. 프롭테크 도입이 건물의 에너지 효율성과 운영 최적화를 개선하며, ESG 관점에서 전략적 중요성이 커지고 있음을 강조했다.

시설 유지 보수 최적화

건물 내 각종 설비의 상태를 지속적으로 점검·관리해 고장을 예방하고 수명을 연장하는 것은 시설 유지와 보수의 최적화 목표다. 이미 사물인터넷 센서를 통해 설비의 진동, 소음, 온도 등 상태 자료를 실시간으로 수집하고 분석하고, 기계학습 모델이 설비의 이상 징후를 조기에 감지해 고장 발생을 예방하는 예측 정비를 수행한다. 또한 설비별 사용 이력과 부하 자료를 기반으로 수명을 예측하고 최적의 교체 시기를 결정하고, 정비 이력 자료를 분석해 효율적인 유지 보수 작업 계획을 수립하고 작업자의 동선을 최적화한다. 증강현실 기술은 현장 작업자에게 정비 매뉴얼과 작업 지침을 제공함으로써 부품 재고를 관리하고 수요를 예측해 적정 재고를 유지하는 데 활용되며, 유지 보수 비용과 설비 수명의 상관관계를 분석해 최적의 유지 보수 전략을 수립한다.

아이비엠(ibm.com)의 맥시모(Maximo)는 인공지능 기반 설비 관리 솔루션을 제공한다. 지멘스(siemens.com)

는 마인드스피어(MindSphere) 플랫폼으로 예측 정비 서비스를 제공한다. 티센크루프(thyssenkrupp.com)는 맥스(MAX) 시스템으로 엘리베이터 예측 정비를 수행한다. 현대엘리베이터(hdel.co.kr)는 스마트 케어 솔루션으로 원격 점검·관리 서비스를 제공한다.

엥발과 라르손(Engvall & Larsson, 2021)은 상업용 부동산의 디지털 트윈 구축 과정에서 필요한 자료 수집과 통합 방안을 연구해 건물 관리 시스템과 디지털 트윈의 연계를 통한 실시간 점검·관리 체계 구축의 중요성을 강조했다. 포메와 시뇨리니(Pome & Signorini, 2023)는 건물 운영 및 유지 보수 단계에서 디지털 트윈의 효과성을 평가했다. 센서 자료 수집과 분석을 통해 설비 고장 예측과 에너지 사용 최적화 측면에서 실질적 효과를 입증했다. 고르스카와 마주어차크(Gorska & Mazurczak, 2024)는 포즈난 지역의 임대 주택 시장에서 프롭테크 기술의 적용 현황과 청년층의 수용도를 분석했다. 스마트 홈 시스템과 시설 관리 플랫폼에 대한 사용자 만족도를 조사하고 모바일 서비스의 필요성을 지적했다.

공간 활용 최적화

공간 활용 최적화는 건물 내 다양한 공간의 사용 현황을 분석해 효율적인 공간 활용 방안을 도출하는 것을 목표로 한다. 사용자의 동선을 추적하고 분석해 공간 배치를 최적화하고 혼잡을 예방한다. 회의실, 주차장 등 공유 공간의 예약과 사용 현황을 실시간으로 관리하는 시스템을 운영한다. 또한 공간별 재실 센서를 통해 실제 사용률을 측정하고 분석해 공간 활용도를 평가하고, 사용 패턴 자료를 기반으로 공간 수요를 예측하고 탄력적인 공간 운영 계획을 수립한다. 공간 개선 방안은 실내 환경 품질과 사용자 만족도 자료를 분석해 도출한다. 엘리베이터, 에스컬레이터 등 이동 설비의 운영을 최적화해 이동 효율성을 높이고, 공간 활용 현황과 개선 효과를 시각화해 관리자의 의사 결정을 지원한다.

위워크는 공유 오피스 공간 활용을 자료 기반으로 최적화한다. 매픽(mapiq.com)은 스마트 오피스 솔루션으로 작업 공간 관리를 지원한다. 콘데코(condecosoftware.com)는 글로벌 기업들의 공간 예약 시스템을 제공한다. 네이버는 1784 빌딩에 스마트 스페이스 플랫폼을 구축했고, 카카오엔터프라이즈는 인공지능 기반 스마트워크플레이스 솔루션을 운영한다. 신세계프라퍼티는 센트럴시티에 스마트 주차 관리 시스템을 도입했다. 삼성에스디에스는 브라이틱스 플랫폼으로 공간 분석 서비스를 제공한다. 코오롱베니트는 스마트 오피스 솔루션 '두잇츠(DOITS)'를 개발했다.

포메 외(Pome et al., 2022)는 지속 가능한 업무 공간 설계를 위한 최적화 모델을 연구했다. 환경 영향을 최소화하기 위한 자료 기반 의사 결정 프레임워크를 제시하고, 사용자 행동 패턴과 센서 자료를 통합한 공간 배치 방안을 도출했다. 탠과 밀러(Tan & Miller, 2023)는 프롭테크를 통한 디지털화가 부동산 운영의 지속 가능성에 미치는 영향을 분석했다. 공간 활용도 점검과 인공지능 기반 수요 예측이 자원 효율성 향상에 기여함을 입증했다. 탈리아로 외(Tagliaro et al., 2024)는 프롭테크가 부동산 혁신을 이끄는 방식을 연구했다. 특히 공유 오피스와 같은 새로운 공간 활용 모델에서 사용자 경험 자료와 공간 활용 패턴을 분석했다.

보안/방재 시스템 최적화

건물 내 보안 위협과 재난 상황에 효과적으로 대응해 최적화된 안전한 환경 구축이 보안/방재 시스템의 목표다. 출입 기록과 CCTV 영상을 실시간으로 분석해 이상 행동과 보안 위협을 감지하고, 얼굴 인식, 객체 추적 등 컴퓨터 비전 기술로 지능형 영상 관제를 수행한다. 특히 화재, 지진 등 재난 상황을 조기에 감지하고 신속한 대응을 위한 시나리오를 관리할 수 있다. 예컨대 비상구, 대피로 등 방재 시설의 상태를 점검·관리하고 최적의 대피 경로를 제시한다. 또한 보안 이벤트와 대응 이력을 분석해 취약점을 파악하고 보안 체계를 개선할 수 있고, 방문자 관리, 주차 관제 등 다양한 보안 시스템을 통합 관리한다. 보안 위험도를 평가하고 예측해 선제적인 보안 대책을 수립한다.

허니웰(honeywell.com)은 엔터프라이즈 빌딩스 인테그레이터(Enterprise Buildings Integrator)로 통합 보안 관제를 제공한다. 플리어시스템즈(flir.com)는 열화상 기반 지능형 보안 시스템을 운영한다. 보쉬(boschsecurity.com)는 인공지능 영상 분석 기반 보안 솔루션을 제공한다. 에이디티캡스(adtcaps.co.kr)가 인공지능 기반 지능형 통합 보안 서비스를 제공한다. 에스원(s1.co.kr)은 사물인터넷 센서와 인공지능을 결합한 보안 솔루션과 스마트 빌딩 보안 관제 서비스를 운영하고 있다. 케이티텔레캅(kttelecop.co.kr)은 빌딩 통합 관제 시스템을 제공한다. 한화테크윈(hanwha-security.com)은 지능형 영상 보안 시스템을 개발했다.

브리슨 외(Brisson et al., 2019)는 스마트 시티와 스마트 빌딩에서 사이버 보안의 중요성을 연구했다. 건물 기술의 디지털화가 가져오는 보안 취약점과 위협 요소를 체계적으로 분석했다. 특히 사물인터넷 기기와 건물 제어 시스템의 보안 강화를 위한 다층적 보호 전략을 제시했다. 세파스고자(Sepasgozar, 2021)는 디지털 트윈과 디지털 섀도의 개념을 구분하며 건물 보안 관리에서의 활용 방안을 연구한 결과, 실시간 보안 점검 · 관리와 위험 예측을 위한 디지털 트윈의 활용 방안을 제시했다. 특히 재난 상황에서의 대피 시뮬레이션과 보안 시스템 통합 관리를 위한 프레임워크를 개발했다. 아부하첸과 코체인(Abou Hachem & Korchane, 2024)은 취약 지역의 안전성 향상을 위한 프롭테크의 역할을 분석해 범죄 예방과 주민 안전을 위한 스마트 보안 시스템의 효과성을 평가했고, 인공지능 기반 영상 분석과 커뮤니티 기반 보안 알림 시스템의 통합 운영 방안을 제시했다.

참고문헌

Abou Hachem, B., & Korchane, M.(2024). Enhancing Safety in Vulnerable Neighbourhoods: The Role of PropTech in Real Estate Development. *Journal of Real Estate Technology, 12*(1), 45-62.

Brisson, M.-N., et al.(2019). Cybersecurity of building

technology. *CRE Real Estate Issues, 43*(1), 1-9.

Buter, L. J. A.(2019). *Challenges for offices' implementation of energy saving Proptech.* Delft: TU Delft.

Engvall, R., & Larsson, A.(2021). Digital transformation in commercial real estate: A case study on creating digital twins of existing buildings. Stockholm, Sweden: KTH Royal Institute of Technology.

Gorska, A., & Mazurczak, A.(2024). Modern technologies (Proptech) in rental housing from the perspective of young people – a case study of the local real estate market in Poznań. Zeszyty Naukowe Politechniki Śląskiej. *Organizacja i Zarządzanie,* 205, 125-142.

Pome, A. P., & Signorini, M.(2023). Real time facility management. In *IOP Conference Series: Earth and Environmental Science* (Vol. 1176, No. 1, p. 012003). Bristol, UK: IOP Publishing.

Pome, A. P., et al.(2022). *Sustainable workplace. In International Conference on Technological Imagination in the Green and Digital Transition* (pp. 157-166). Milan, Italy: Springer.

Sepasgozar, S. M.(2021). Differentiating digital twin from digital shadow. *Buildings, 11*(4), 151.

Starr, C. W., et al.(2021). The rise of Proptech. *Journal of Property Investment & Finance, 39*(2), 157-169.

Tagliaro, C., et al.(2024). Technology "like a fork": How Proptech shapes real estate innovation. *Journal of European Real Estate Research, 17*(1), 84-102.

Tan, Z., & Miller, N. G.(2023). Connecting Digitalization and Sustainability. *Journal of Sustainable Real Estate, 15*(1).

08
블록체인 기반 부동산 거래 혁신

블록체인은 여러 참여자가 거래 정보를 공유하고 검증하는 분산형 디지털 장부 시스템으로, 암호화된 거래 기록이 수정 불가능한 블록 형태로 연결되어 높은 보안성과 신뢰성을 제공한다. 부동산 거래의 특성인 복잡한 서류 처리와 중개 과정, 높은 위변조 위험, 낮은 투명성 등의 문제 해결을 위해 블록체인 기술이 주목받았으며, 특히 스마트 컨트랙트를 통한 거래 자동화에 집중적으로 도입되었다.

AI와 한의학?

스마트 컨트랙트 최적화

스마트 컨트랙트 최적화 서비스는 부동산 거래의 자동화와 안전성을 향상시킨다. 인공지능은 과거 거래 자료를 분석해 최적의 계약 조건과 템플릿을 제안하고, 거래 조건이 충족되면 자동으로 실행되어 거래의 효율성을 높인다. 이미 계약 실행 전 인공지능이 잠재적 위험 요소를 식별하고 경고하고, 복잡한 거래 조건을 코드화해 자동으로 검증하고 실행한다. 다국어 지원으로 해외 부동산 거래도 원활하게 진행한다. 계약 이행 과정은 실시간으로 점검하고 기록되며, 스마트 컨트랙트의 실행 결과를 블록체인에 영구적으로 보관한다. 프로피(propy.com)는 블록체인 기반 부동산 거래 플랫폼을 운영하고 있으며, 리얼티(realt.co)는 이더리움 기반 스마트 컨트랙트로 부동산 토큰화 서비스를 제공한다. 스마트리얼티(smartrealty.com)는 인공지능 기반 계약 자동화 시스템을 운영한다.

마냐니(Magnani, 2019)는 부동산 분야에서 블록체인과 스마트 컨트랙트의 최적화 방안을 연구했으며, 특히 계약 조건의 자동화된 실행과 검증 프로세스에 중점을 두었다. 거래 당사자 간 신뢰도 향상과 중개 비용 절감을 위해 스마트 컨트랙트의 표준화된 템플릿을 개발하고 검증했다. 올라디란과 디킨스(Oladiran & Dickins, 2024)는 프롭테크 환경에서 스마트 컨트랙트의 효율적 구현을 위한 디지털 기술 솔루션을 제시했다. 특히 사물인터넷 센서와 연동된 스마트 컨트랙트를 통해 부동산 관리와 임대차 계약의 자동화된 실행 체계를 구축했다. 엑스터와 라도사블리예비치(Exter & Radosavljevic, 2024)는 상업용 부동산에서 스마트 컨트랙트의 개념적 설계 모델을 개발했으며, 계약 조건의 코드화와 실행 로직의 최적화에 초점을 맞췄다. 복잡한 상업용 부동산 거래의 특성을 반영해 다중 서명, 조건부 실행, 에스크로 기능 등을 스마트 컨트랙트에 통합했다.

부동산 거래 사기 방지

부동산 거래 사기 방지 서비스는 인공지능 기반 이상 거래 탐지 시스템 운영을 통해 가능하다. 거래 당사자의 신원과 거래 내역을 실시간으로 검증하고 위조 문서를 자동으로 식별해 진위 여부를 확인한다. 부동산 소유권 이력은 블록체인에 기록해 추적하고, 다중 거래나 허위 매물 등의 사기 패턴을 자동으로 감지한다. 그 결과 거래 당사자의 신뢰도를 평가하고 위험 등급을 제공한다. 사기 의심 거래는 발생 즉시 관련 당사자에게 알려 준다. 법적 증거로 활용 가능한 거래 기록을 블록체인에 보관한다. 체이널리시스(chainalysis.com)는 블록체인 거래 추적 솔루션을 제공한다. 프로퍼티가드(propertyguard.io)는 인공지능 기반 부동산 사기 방지 시스템을 운영한다. 에스케이씨앤씨(skcc.co.kr)는 인공지능 기반 부동산 사기 방지 솔루션을 제공한다.

뵈저(Veuger, 2018)는 블록체인이 부동산 거래의 신뢰성 확보를 위한 핵심 기술로 부상했다고 분석했다. 분산원장 기술을 통해 거래 기록의 위변조가 불가능하고 모든 참여자가 실시간으로 검증할 수 있게 되었다. 엘트워리(Eltweri et al., 2021)은 부동산 산업에서 빅데이터와 블록체인을 결합한 사기 탐지 시스템을 제안했다. 거래 패턴 분석과 실시간 점검을 통해 의심스러운 거래를 조기에 발견하고 차단할 수 있었다. 가르시아 가르시아(Garcia Garcia, 2023)는 부동산 분야의 블록체인 도입이 사기 방지에 미치는 영향을 실증적으로 분석했다. 스마트 컨트랙트로 거래 조건이 자동 검증되고, 토큰화된 자산의 소유권과 거래 이력이 투명하게 추적되어 자금세탁이나 명의 도용을 방지할 수 있었다.

가격 책정 및 협상 지원

가격 책정 및 협상 지원 서비스는 실시간 시장 자료를 분석하여 적정 가격을 제시한다. 지역별, 유형별 거래 가격 동향을 인공지능으로 분석해 예측 정보를 제공한다. 협상 과정에서 양측의 제안을 분석하고 최적의 합의점을 도출하고, 유사 사례 분석을 통해 협상 전략을 제안한다. 시장 상황과 거래 조건을 고려한 맞춤형 가격 조정 방안도 제시하며, 가격 변동 요인을 실시간으로 분석해 의사 결정을 지원한다. 협상 진행 상황은 블록체인에 기록해 투명성을 확보할 수 있으며, 최종 합의 가격의 적정성을 검증·기록한다. 렉스(rexmls.com)는 블록체인 기반 부동산 가격 평가 시스템을 운영한다. 국내에서는 네이버 부동산이 인공지능 기반 시세 분석 서비스를 제공한다. 케이비부동산(kbland.kr)은 인공지능 기반 시세 예측 시스템을 제공한다. 부동산114는 인공지능 기반 가격 분석 서비스를 제공한다.

아센시오소토와 나바로 아스토르(Asensio-Soto & Navarro Astor, 2022)는 스페인의 온라인 부동산 중개 플랫폼의 블록체인 기술이 가격 협상 프로세스를 변화시켰다고 설명했다. 또한 빅데이터 분석과 인공지능 알고리즘으로 시장 가치가 자동 산정되어 거래 효율성이 증가했다. 웨인라이트(Wainwright, 2023)는 영국 임대 시장에서 프롭테크 플랫폼이 임대료 책정과 협상 과정에 미치는 영향을 연구했고, 블록체인 기반 시스템으로 임대료 시세 정보가 실시간 공유되고 스마트 컨트랙트로 협상력 균형이 개선되었다. 싱아(Sinha, 2024)는 인도의 노브로커(NoBroker) 사례를 통해 프롭테크의 가격 책정 메커니즘을 분석했으며, 블록체인 기술로 가치 평가가 표준화되고 거래 만족도가 향상되었다.

부동산 토큰화 가치 평가

부동산 토큰화는 큰 건물을 작은 조각으로 나누어 디지털 토큰으로 만드는 것으로, 마치 주식처럼 거래하는 개념이다. 예를 들어 1,000억 원 건물을 1억 개의 토큰으로 나누면 1토큰당 1,000원의 가치를 가지게 된다. 이 토큰은 건물의 임대 수익, 시세 변동 등에 따라 가치가 실시간으로 변한다. 부동산 토큰화를 위한 가치 평가 서비스는 물건의 특성과 시장 상황을 분석해 토큰 가치를 산정하고, 부동산의 수익성과 위험을 평가해 토큰 발행량을 결정한다. 실시간 시장 가치는 토큰 거래 내역을 분석해 산출하고, 토큰 가치에 영향을 미치는 요인을 실시간으로 점검 · 관리한다. 그 결과 투자자의 포트폴리오 분석과 위험 평가를 지원한다. 수익 배당과 가치 변동을 블록체인에 자동으로 기록해, 토큰 거래의 투명성과 공정성을 보장하면서 부동산 토큰의 유동성과 거래 가능성을 평가한다. 리얼토큰(realtoken.network)은 부동산 토큰화 플랫폼을 운영 중이고, 폴리매스(polymath.network)는 보안 토큰 발행 플랫폼을 제공 중이다. 레드스완(redswan.io)은 상업용 부동산 토큰화 서비스를 운영한다. 카사코리아(kasa.co.kr)는 부동산 수익 증권 토큰화 서비스를, 루니버스(luniverse.io)는 부동산 토큰화 플랫폼을 운영한다.

모타기 외(Mottaghi et al., 2024)는 부동산 토큰화의 현재와 미래 방향성을 분석했다. 토큰화를 통해 부동산 투자의 분할 소유와 유동성 확보가 가능해졌으며, 법적 규제와 기술적 표준화의 부재가 주요 과제로 지적되었다. 애브키와 에르즈루믈루(Avci & Erzurumlu, 2023)는 부동산 보안 토큰 발행 절차와 법적 설계 방안을 제시했으며, 블록체인 기반으로 부동산 자산을 디지털화해 투자자들이 작은 단위로도 투자할 수 있게 되었다. 초우와 탠(Chow & Tan, 2022)은 아시아태평양 지역의 부동산 토큰화 현황과 전망을 연구했다. 시장 성장 잠재력과 기술적 준비도는 높았으나, 규제 환경과 시장 참여자들의 인식 부족이 주요 과제로 나타났다.

참고문헌

Asensio-Soto, J. C., & Navarro Astor, E.(2022). PropTech. *Intangible Capital, 18*(3), 489-505.

Avci, G., & Erzurumlu, Y. O.(2023). Blockchain tokenization of real estate investment. *Journal of Property Research, 40*(2), 188-207.

Chow, Y. L., & Tan, K. K.(2022). Real Estate Insights Is tokenization of real estate ready for lift off in APAC. *Journal of Property Investment & Finance, 40*(3), 284-290.

Eltweri, A., et al.(2021). Applications of big data within finance. Conference on E-Business and E-commerce Engineering (pp. 67-73). London, UK: IEEE.

Exter, E., & Radosavljevic, M.(2024). Blockchain Technology in Commercial Real Estate. Communication of the Association for Information Systems, 55, 434-458.

Garcia Garcia, S.(2023). *Implementation of the Blockchain Technology to the Real Estate Sector.* Milan, Italy: Politecnico di Milano.

Magnani, S.(2019). *Impact of technology in the real estate sector: Analysis of blockchain and smart contracts implementation.* Milan, Italy: Politecnico di Milano.

Oladiran, O., & Dickins, L.(2024). *PropTech and real estate innovations.* London, UK: Taylor & Francis.

Sinha, D.(2024). The Evolution of PropTech in India. *Open Access Cases, 1*(2).

Veuger, J.(2018). Trust in a viable real estate economy with

disruption and Blockchain. *Facilities, 36*(1/2), 103–120.
Wainwright, T.(2023). Rental PropTech platforms. *Environment and Planning A: Economy and Space, 55*(2), 339–358.

09
프롭테크의 법·윤리적 과제

프롭테크 시장에서 법적 갈등은 혁신적 기술과 기존 시장 간의 충돌로 인해 법적 소송으로 표면화되곤 한다. 스타트업들이 기존 부동산 시장의 관행에 도전하면서 저작권, 자료 활용, 알고리즘 혁신 등을 둘러싼 법적 논쟁이 급증했다. 이러한 분쟁은 프롭테크 산업의 혁신과 규제의 경계를 재정의하는 중요한 계기일 뿐만 아니라 새로운 윤리 기준의 단초가 되고 있다.

AI와 화장품?

기존 부동산과 프롭테크의 법적 갈등

프롭테크 기업 빅밸류는 부동산 자동 시세 서비스를 제공하면서 「감정평가 및 감정평가사에 관한 법률」 위반 논란에 직면했다. 2020년 5월, 한국감정평가사협회는 빅밸류와 대표이사를 서울중앙지방검찰청에 고발했다(SEUM Law, 2021). 그러나 2021년 5월, 사건관할인 서울 서초경찰서는 빅밸류에게 감평법 위반에 혐의가 없다고 판단해 감정평가사협회의 형사고발 사건에 대해 불송치 결정을 내렸다.

미국 연방거래위원회(FTC, 2022)는 오픈도어랩스(opendoor.com)가 아이바이어(iBuyer, Instant Buyer) 모델을 활용해 주택을 즉시 매입하는 플랫폼을 운영하면서, 이를 통해 전통적 주택 매각보다 더 높은 순이익을 얻을 수 있다고 광고했으나, 실제로 소비자들이 더 낮은 가격에 주택을 팔게 되었다고 판단했다. FTC는 이를 소비자를 오도하는 기만적 영업 행위로 보고, 오픈도어랩스에 벌금 6,250만 달러를 부과하고 허위 광고 중단을 명령했다. 오픈도어랩스는 고객을 속일 의도는 없었다고 주장했지만, 벌금을 내고 FTC의 요구를 따르는 데 동의했다. 합의에 따라 오픈도어랩스는 문제 된 광고를 중단하고, 향후 유사한 방식으로 소비자를 기만하지 않겠다고 약속했다. FTC는 이번 조치가 기업의 허위 광고를 단속하는 선례가 될 것이며, 소비자 보호 강화를 위한 경고가 될 것이라고 밝혔다. 또한, 오픈도어랩스가 활용한 아이바이어 모델의 가격 산정 방식의 투명성을 강화하도록 했다. 아이바이어 모델은 인공지능과 빅데이터를 활용해 주택을 자동 평가하고 즉시 매입하는 부동산 기술 모델이다. 오픈도어(Opendoor), 레드핀나우(RedfinNow), 오퍼패드(Offerpad) 등이 대표적이다. 이 모델은 주택 매각 절차를 간소화하고 거래 속도를 높이는 장점이 있지만, 시장가보다 낮은 가격으로 매입될 위험이 있다.

서울중앙지방법원 민사합의62부는 2023년 2월, 직방의 부동산 매물 자료를 무단으로 수집한 방픽이 부정경쟁방지법과 저작권법을 위반했다고 판결했다(오효정, 2023). 법원은 방픽의 행위가 저작권법 제93조(데이터베이스 제작자의 권리) 및 부정경쟁방지법 제2조 제1호(부정경쟁행위 정의) 를 위반한다고 보았다. 이에 따라 방픽은 직방의 자료 폐기 및 2000만 원의 손해배상을 지급해야 했다. 이번 판결은 프롭테크 업계에서 자료 크롤링(수집)의 법적 문제를 명확히 한 사례로 평가된다.

중국의 산웨이지아(Sanweijia) 는 경쟁사인 췬허테크놀로지(Quinhe Technology) 를 상대로 3D 인테리어 솔루션 기술 침해 소송을 제기했다(민호기, 2023). 광저우 중급인민법원은 2023년 5월, 산웨이지아의 손을 들어주며 췬허테크의 기술 침해를 인정했다. 법원은 저작권법 제10조(저작재산권 보호조항)를 근거로 판결을 내렸다. 이 결과 프롭테크 분야에서 지적 재산권이 중요해졌다.

미국 법무부는 2024년 8월, 부동산 소프트웨어 기업인 리얼페이지(realpage.com)를 상대로 가격 담합 및 반경쟁적 행위 혐의로 연방법원에 소송을 제기했다(Office of Public Affairs, 2024). 리얼페이지의 소프트웨어가 임대인들로 하여금 임대료를 인위적으로 상승시키기 위해 공모하도록 조장했다는 주장이다.

여행 스타트업 민다(minda.kr)는 2025년 1월, 마이리얼트립(myrealtrip.com)이 자사의 한인 민박 데이터베이스를 무단으로 탈취해 부정경쟁행위를 했다고 주장하며 부정경쟁방지법에 의거해 민사 소송을 제기했다. 이번 사건은 스타트업 간 자료 무단 사용과 부정 경쟁에 대한 논란을 불러일으켰다.

블록체인 관련 법적 변화와 기회

블록체인 기술은 부동산 산업에서 중개 절차를 간소화

하고 거래 투명성을 높이는 혁신적 도구로 주목받고 있다(Garcia-Teruel, 2020). 2024년 말 기준으로 여러 국가에서 블록체인 기반 부동산 거래를 규제하는 법률을 마련하고 있으며, 기존 법 체계와의 조화를 모색하고 있다. 유럽연합(EU)은 2018년 일반 자료 보호 규정(GDPR)을 통해 블록체인 기반 자료 관리의 법적 요건을 설정했으며, 미국은 주별로 상이한 규제를 두고 있지만 버몬트주, 애리조나주, 콜로라도주 등에서 블록체인 기반 스마트 컨트랙트를 법적으로 인정하는 법안을 통과시켰다.

몰타는 2018년 몰타 디지털 혁신청(MDIA)을 설립하고 블록체인 및 디지털 자산 관련 법률을 세계 최초로 제정해 부동산을 포함한 다양한 분야에서 스마트 컨트랙트와 블록체인 거래를 인정하며 법적 구속력을 보장했다. 이탈리아는 2019년 블록체인을 통한 전자 기록을 법적으로 인정하는 법안을 통과시켰으며, 이를 통해 부동산 거래 및 공증 절차에서 블록체인을 활용하는 기반을 마련했다. 스페인은 2019년 블록체인을 활용한 부동산 거래 및 계약 시스템을 공식 도입했으며, 안달루시아와 카탈루냐 등 일부 지방정부에서 블록체인 기반 부동산 등기 및 스마트 컨트랙트 시범 사업을 추진하고 있다. 네덜란드는 국토등록청(Kadaster)이 블록체인 기술을 활용한 토지 등기 시스템을 실험하고 있으며, 법적 효력을 인정할 수 있는 방안을 연구 중이다. 에스토니아는 국가 차원에서 블록체인 기반 전자 정부 시스템(e-Estonia)을 운영하며, 부동산 거래와 등기 시스템에도 이를 적용하고, 부동산 소유권 이전 및 공증을 위한 블록체인 기반 스마트 컨트랙트 기술을 개발하고 있으며, 정부 기관이 공식적으로 지원하고 있다.

한편 블록체인의 변조 불가능한 특성이 법적 요구 사항과 충돌할 가능성이 있으며, 소유권 이전을 위한 수정이 어려운 문제가 제기되고 있다. 법적 분쟁 발생 시 블록체인 원장의 효력을 어떻게 해석할 것인지에 대한 명확한 법적 기준도 필요하다. 결론적으로 블록체인을 활용한 부동산 거래는 효율성을 높일 가능성이 크지만, 법적 보호를 유지하기 위한 추가적인 규제 및 제도 개선이 필수적이다.

프라이버시 관점의 프롭테크 과제

프롭테크 산업에서 개인정보 보호 문제는 부동산 자료의 수집, 활용, 저장 과정에서 다양한 형태로 발생한다. 스마트홈 기기와 사물인터넷 기술의 발전으로 거주자의 생활 패턴, 방문 기록 등이 무분별하게 수집될 가능성이 있으며, 인공지능 기반 부동산 가치 평가 모델은 개인의 금융 정보를 사전 동의 없이 분석할 수 있다. 블록체인 기반 부동산 거래는 변조 불가능한 장점이 있지만, 소유권 정보의 공개적 기록으로 개인정보 삭제가 어렵다. 프롭테크 플랫폼의 맞춤형 광고와 부동산 중개 플랫폼의 자동 입주 결정 시스템은 사용자의 민감한 정보를 노출하고 차별 논란을 야기할 수 있다. 결과적으로 프롭테크 기업들이 개인정보 보호 조치를 제대로 시행하지 않을 경우, 자료 유출 사고와 불법적 정보 거래는 심각한 법적 분쟁으로 이어질 가능성이 높다.

개인정보 보호를 위해 프롭테크 기업들은 국내외 법률을 준수해야 한다. 대한민국에서는 2023년 말 '정보주체는 인공지능 기술을 적용한 시스템을 포함하는 자동화된 시스템으로 개인정보를 처리하여 이루어지는 결정이 자신의 권리 또는 의무에 중대한 영향을 미치는 경우에는 해당 결정을 거부하거나 해당 결정에 대한 설명 등을 요구할 수 있도록 함(법 제4조제6호 및 제37조의2 신설)' 부분이 「개인정보보호법」에 신설되었다.

「정보통신망 이용촉진 및 정보보호 등에 관한 법률」은 온라인에서 개인정보를 처리하는 기업의 보안 의무를 명시하고 있다. 또한 2024년 12월 정보통신망에서의 청소년 보호를 위해 정보통신망을 통해 유통되는 정보 중 인공지능 기술을 이용해 만든 거짓의 음향 · 화상 또는 영상 등의 정보를 식별하는 기술을 개발 · 보급하기로 긴급하게 법을 개정했다(법 제4조).

유럽연합의 GDPR은 프롭테크뿐만 아니라 모든 기업에 대해 수집하는 개인정보의 활용 범위를 제한하고 자료 삭제 요청권을 보장하고 있다. 디지털 서비스법(Digital Services Act)에서는 온라인 플랫폼에 부과되는 다양한 의무들을 상세히 설명하고 있어 블록체인 기반 거래의 개인정보 문제를 해결하기 위해서는 우선적으로 규정을 확인해야 한다(European Commission, 2020). 스마트홈 기술과 관련해서는 미국의 사물인터넷 보안 개선법이 사물인터넷 기기의 보안 요구 사항을 강화하고 있다(US Congress, 2010). 프롭테크 기업이 인공지능을 활용할 경우, 유럽연합의 인공지능법(Artificial Intelligence Act)에 따라 알고리즘의 투명성을 확보해야 한다(European Commission, 2021). 특히 개인정보 보호를 위해 인공지능 시스템의 위험 수준에 따라 차등 규제를 적용한다. 고위험 인공지능 시스템은 개인정보 침해 가능성이 크므로 투명성, 적법성, 안전성 요건을 충족해야 한다. 원격 생체 인식 기술은 법 집행 목적으로만

제한적으로 사용되며, 엄격한 감독이 요구된다. 챗봇은 사용자가 인공지능과 상호작용하고 있음을 인지할 수 있도록 설계되어야 하며, 딥페이크는 조작된 콘텐츠임을 명확히 표시해야 한다. 인공지능 시스템 개발자와 사용자는 개인정보 보호 및 기본권 준수를 책임지며, 전 과정에서 법적 요건을 따라야 한다.

프롭테크 분야의 윤리적 과제

첨단 기술이 부동산 산업에 도입되면서 빈부 격차가 심해지고, 세금 징수액이 감소하고, 부동산 가격이 조작되는 등 다양한 문제가 발생한다. 이러한 문제는 불법은 아니지만 부동산을 주된 자산으로 보유하고 있는 사회에서 해당 문제가 발생할 경우 가계 경제에 다음과 같이 심각한 문제를 발생시킨다.

부동산 대량 구매 및 시세 차익을 노린 단기 매매의 경우, 대형 투자 펀드와 부동산 기술 기업들은 인공지능과 빅데이터 분석을 활용해 대량의 부동산을 신속하게 매입했다. 블랙스톤(blackstone.com)은 알고리즘을 통해 가장 수익성 높은 부동산을 선별하고 대량 매수했고, 이 전략은 지역 주택 시장의 가격을 인위적으로 상승시키고 개인 구매자들의 진입을 어렵게 만들었다. 임대 부동산 플랫폼 거래를 통한 최적 임대가 조성을 위해, 리얼페이지는 인공지능 기반으로 임대료를 동적으로 조정하는 시스템을 개발했다. 이 플랫폼은 실시간 시장 자료를 분석해 최적의 임대 가격을 제안했고, 결과적으로 특정 지역의 임대료가 인위적으로 상승하는 결과를 초래했다. 알고리즘을 통한 시장가격 조작을 위해 질로우는 인공지능 알고리즘을 통해 부동산 가격을 예측하고 조작했다. 특히 아이바잉(iBuying) 프로그램을 통해 대량의 부동산을 매입하고 재판매하며 시장 가격을 왜곡했으며, 알고리즘은 특정 지역의 부동산 가격을 급격히 상승 또는 하락시켰다. 블록체인 활용한 가격 위장을 위해 앨트에스테이트(alt.estate)는 토큰화된 부동산 거래를 통해 가격 정보를 모호하게 만들었다. 즉, 블록체인 기술을 활용해 부동산 거래의 추적을 어렵게 만들었으며, 암호화폐 기반 부동산 거래는 전통적인 가격 공시 방식을 우회했다. 펀드라이즈(fundrise.com)와 같은 크라우드펀딩 플랫폼은 소액 투자자들에게 부동산 투자 기회를 제공했다. 이러한 디지털 플랫폼은 부동산 조각 투자 모델을 만들었고, 알고리즘은 투자자들에게 가장 수익성 높은 부동산을 추천했다. 이 과정에서 주거 안정보다는 투자 수익에 초점을 맞췄다.

기술의 발명은 언제나 기존의 사회 구조와 경제 균형을 변화시켜 왔다(Diamond, 1998). 프롭테크 시장에서도 인공지능의 도입은 부동산 생태계를 급격히 변화시키고 있다. 이러한 혁신적 변화 속에서 개인의 이익만을 추구할 것이 아니라, 공정하고 포용적인 프롭테크 시장이 구현되도록 노력해야 한다.

참고문헌

국가법령정보센터. 개인정보보호법. https://bit.ly/4hH5TNI

국가법령정보센터. 정보통신망 이용촉진 및 정보보호 등에 관한 법률. https://bit.ly/4jKvMOL

국가법령정보센터. 지능형 로봇 개발 및 보급 촉진법. https://bit.ly/42WXEJB

김아름(2025.1.24). 스타트업 카피캣 의혹 또 터졌다…이번엔 프롭테크 플랫폼. 이데일리. https://bit.ly/4hAFAJi

민호기(2023.8.25). 中 췬허테크, '3D 인테리어 솔루션' 기술 침해 소송 패소… 국내 영향은?. 비즈월드. https://bit.ly/40PSKMW

오효정(2023.2.12). [단독] 직방도 당했다…잡코리아 10년 싸운 '크롤링' 법정 논쟁. 중앙일보. https://bit.ly/40P6LKK

Diamond, J.(1998). 『총, 균, 쇠』. 문학사상사.

European Commission(2020). Proposal for a Regulation of the European Parliament and of the Council on a Single Market for Digital Services (Digital Services Act) (COM(2020) 842 final). https://bit.ly/42JimfT

European Commission(2021). Proposal for a regulation laying down harmonised rules on artificial intelligence (Artificial

Intelligence Act) and amending certain Union legislative acts (COM(2021) 206 final). https://bit.ly/3WLaRRD
FTC(2022.10.21). FTC Approves Final Order against Opendoor Labs, Preventing Company from Misleading Consumers about Cost Savings of Using the Online Real Estate Listing Service.
Garcia-Teruel, R. M.(2020). Legal challenges and opportunities of Blockchain technology in the real estate sector. Journal of Property, *Planning and Environmental Law, 12*(2), 129-145.
Office of Public Affairs(2024.8.23). Justice Department Sues RealPage for Algorithmic Pricing Scheme that Harms Millions of American Renters. United States Department of Justice. https://bit.ly/40A94zZ
SEUM 법무법인(2021.5.31). 빅밸류 사례 분석: 프롭테크와 감정평가법의 충돌. https://bit.ly/3PYczeJ
U.S. Congress(2020). Internet of Things Cybersecurity Improvement Act of 2020 (H.R. 1668, 116th Congress). https://bit.ly/4hFEYSm

10
프롭테크로 준비하는 미래

프롭테크는 주거 환경, 자산, 직업의 패러다임을 변화시키고 있다. 이 장에서는 스마트 주거, 부동산 토큰화, 최적화된 자산 관리 등 프롭테크의 핵심 개념과 실무 적용법을 탐구한다. 일반 학생이나 비전공자도 프롭테크 분야로 진학·이직하거나 이 분야에서 창업할 수 있도록 실용적인 가이드와 미래 기회를 실현할 수 있는 구체적인 전략을 제공한다.

종교와 AI?

프롭테크를 공부해야 하는 이유

대부분의 사람들이 평생 가장 큰 지출을 하는 분야가 부동산이지만, 정작 학교에서는 이에 대한 교육이 거의 이루어지지 않는다. 가계 자산의 상당 부분이 부동산에 묶여 있음에도 많은 사람들이 주택을 구하는 과정에서 정보나 지식이 부족해 불리한 계약을 맺거나 손해를 본다. 과거에는 정규직 취업 후 대출을 받아 집을 사는 방식이 일반적이었지만, 현재는 높은 부동산 가격과 불안정한 고용시장으로 인해 기존 방식의 유효성이 감소하고 있다.

프롭테크는 공유 주거, 토큰화 부동산, 크라우드펀딩 등 다양한 새로운 주거 및 자산 관리 방식을 제공하므로, 이를 활용하면 초기 자본이 부족한 청년들도 현실적인 주거 대안을 마련할 수 있다. 전통적인 부동산 거래 방식은 중개 수수료, 대출 심사, 복잡한 행정 절차 등으로 인해 진입 장벽이 높지만, 프롭테크를 활용하면 효율적이고 투명한 거래가 가능하다. 인공지능 기반 부동산 가치 평가, 스마트 임대 플랫폼, 블록체인 계약 시스템 등은 부동산 시장의 새로운 표준이 되어 가고 있으며, 이러한 기술을 이해하는 것이 곧 부동산을 제대로 활용하는 핵심 역량이 된다. 부동산 시장은 변하고 있으며, 이를 모르면 변화에 뒤처질 수밖에 없다. 프롭테크를 공부하는 것은 단순한 투자가 아니라 안정적인 주거 환경을 확보하고 새로운 기회를 활용하는 생존 전략이 될 수 있다.

프롭테크로 변화하는 주거 형태

프롭테크가 가져온 새로운 주거 형태에는 대표적으로 공유 주택(Co-Living), 구독형 주거(Housing as a Service, HaaS), 스마트홈 등이 있다. 공유 주택은 전통적인 임대 방식과 달리 여러 명이 하나의 공간을 공유하면서 공용 시설(부엌, 거실, 세탁실 등)은 함께 사용하고 개인 공간을 최소화하는 형태다. 대표 사례로 미국의 위리브(WeLive), 한국의 하이브아레나(hivearena.com) 등이 있으며, 단순한 주거 공간이 아니라 커뮤니티 기반의 생활 공간을 제공하는 것이 특징이다. 고정비 부담이 적고 유동적인 라이프스타일을 원하는 청년층과 디지털 유목민에게 인기가 높다. 이때 프롭테크 플랫폼을 활용하면 입주, 관리, 계약까지 디지털화되어 효율적으로 이용할 수 있다.

구독형 주거는 집을 소유하거나 장기 임대하는 대신, 일정 금액을 내고 유연하게 거주지를 이동할 수 있는 서비스다. 대표적인 사례로 미국의 쿼터(quarter.com), 한국의 하바(haava.co.kr), 일본의 오요 라이프(oyolife.

co.jp) 등이 있으며 정해진 지역 내에서 여러 주택을 자유롭게 이동하며 거주 가능하다. 단기 계약과 유연한 거주 옵션을 제공하기 때문에, 출장이 잦거나 특정 지역에 얽매이지 않는 사람들이 선호하는 방식이다. 프롭테크 플랫폼이 실시간 주택 매칭, 계약 자동화, 입주 관리 등의 기능을 제공하면서 성장하고 있다.

스마트홈은 인공지능, 사물인터넷, 블록체인 기술을 활용해 주거 공간을 자동화하고 효율적으로 관리하는 형태다. 대표적인 사례로 구글 네스트(Google Nest), 삼성 스마트싱스(Samsung SmartThings), LG 씽큐(LG ThinQ) 등이 있으며, 음성 명령이나 앱을 통해 조명, 냉난방, 보안 시스템 등을 원격으로 제어할 수 있다. 또한 블록체인 기반 스마트 컨트랙트를 활용하면 임대료 납부, 유지 보수 요청 등의 과정을 자동화할 수 있어 거래 투명성이 높아진다. 스마트홈은 에너지 절약, 보안 강화, 생활 편의성 증대 등의 이유로 점점 더 많은 주거 공간에 적용된다.

프롭테크로 발생한 자산 유형

프롭테크로 발생한 새로운 자산은 토큰화 부동산(Real Estate Tokenization)과 부동산 크라우드펀딩(Real

Estate Crowdfunding)이다. 토큰화 부동산은 부동산 자산을 블록체인 기술을 활용해 디지털 토큰으로 분할해 거래하는 방식이다. 대표적인 사례로 미국의 리얼티, 글로벌 서비스 제공사 프로피 등이 있으며, 일반 투자자도 소액으로 건물 지분을 구매할 수 있도록 하여 부동산 투자 접근성을 높였다. 이전에는 부동산을 매입하려면 대규모 자금이 필요했지만, 토큰화 부동산을 활용하면 소액으로도 부동산 자산을 분할 소유할 수 있다. 블록체인 기술을 적용해 거래가 투명하게 기록되며, 중개 수수료 없이 신속한 거래가 가능하다는 점이 강점이다.

부동산 크라우드펀딩은 여러 투자자가 자금을 모아 부동산을 공동 투자하는 방식으로, 초기 자본이 적은 사람도 부동산 시장에 참여할 수 있도록 돕는다. 대표적인 사례로 펀드라이즈(Fundrise, 미국), 루프넷(Loopnet, 글로벌), 테라펀딩(한국) 등이 있으며, 플랫폼을 통해 간편하게 투자하고 수익을 배당받을 수 있다. 부동산 개발 프로젝트나 임대 사업 등에 소액 투자할 수 있어 대형 투자자들만이 아니라 일반인도 부동산 투자에 참여할 기회를 얻을 수 있다. 또한 전통적인 부동산 투자보다 진입 장벽이 낮고 유동성이 높아 젊은 투자자층이 선호하는 방식으로 자리 잡고 있다.

프롭테크 분야별 직업적 특성

프롭테크의 분야 중 하나인 예측 모델링 기반 부동산 가치 평가는 데이터 사이언스와 통계학적 접근을 요구한다. 데이터베이스(SQL, RDMS), 통계분석(R, SPSS), 기계학습(R, Python) 기술을 통해 부동산 시장의 복잡한 패턴을 분석하며, 치밀하고 체계적인 성격을 가진 전문가들이 주도한다. 수학과 통계, 경제 과목의 기초를 바탕으로 작은 변수의 차이도 놓치지 않는 정밀함이 이 분야의 경쟁력이다.

자연어 처리 기반 고객 서비스 분야는 인공지능과 언어처리학의 융합 영역이다. 딥러닝과 텍스트 마이닝 기술을 활용해 고객과의 섬세한 소통을 구현한다. 언어의 뉘앙스와 맥락을 깊이 이해하고, 높은 공감 능력과 인문학 소양을 갖춘 전문가들이 이 분야를 이끈다. 행렬, 집합, 네트워크 수학과 외국어 능력이 중요한 역량으로 요구된다.

추천 시스템 기반 개인화 서비스는 사용자의 행동 패턴을 깊이 분석하는 분야다. 협업 필터링과 기계학습 기술을 통해 개인의 미묘한 취향 차이를 정밀하게 파악한다. 창의적이고 혁신적인 사고방식이 요구된다.

컴퓨터 비전 기반 스마트 건축 분야는 3D 모델링과 이미지 분석 기술로 건축의 새로운 지평을 연다. 공간에 대한 예술적 감수성과 기술적 접근을 동시에 요구하며, 입체적이고 창의적인 사고방식이 중요하다. 행렬, 선형대수, CAD 분야의 기초 학습을 통해 ICT와 건축의 융합 분야에 도전이 가능할 것이다.

최적화 알고리즘 기반 스마트 관리 분야는 복잡한 시스템을 단순화하고 효율성을 극대화하는 영역이다. 체계적이고 분석적인 사고방식으로 문제를 해결하기 위해 미적분, 확률, 통계 등의 학습이 필요하다. 산업공학과 경영공학의 융합 영역으로, 효율성에 대한 문제 해결 능력이 핵심 역량이다.

블록체인 기반 부동산 거래 혁신 분야는 기술과 금융의 새로운 융합 영역이다. 높은 윤리의식과 투명성을 추구하며, 급변하는 기술 트렌드에 적응하는 능력이 요구된다. 지수로그, 행렬, 프로그래밍의 기초 학문을 기반으로 글로벌 관점에서 부동산 거래의 패러다임을 변화시키는 전문가로 진입이 가능하다.

프롭테크 진학 · 이직 · 창업

프롭테크를 이해하려면 수학, 통계, 경제 개념이 필수적이다. 확률과 통계는 자료를 분석하고 인공지능 모델을 구축하는 데 핵심 역할을 한다. 경제학은 부동산 시장의 가격 변동과 투자 흐름을 분석하는 데 필요한 개념을 제공한다. 또한 미적분, 행렬, 선형대수, 집합, 순서도 등에 대한 교과 과정은 인공지능 기반 모델을 이해하고 활용하기 위한 기초 지식이다.

프롭테크에 진출하기 위해서는 업계 종사자와 직접 대화하고, 시장을 조사하는 과정이 필요하다. 부동산 공인중개사, 감정평가사, 자료 분석가, 인공지능 개발자 등의 인터뷰를 통해 각 직무가 어떻게 프롭테크와 연결되는지 이해할 수 있다. 또한 프롭테크 스타트업의 비즈니스 모델과 기술 도입 사례를 분석하면 시장의 흐름을 파악하고 기회를 찾을 수 있다. 직업 체험 프로그램이나 부동산 관련 행사에 참여하면 실제 산업에서 필요한 기술과 역량을 직접 경험할 수 있다. 이를 통해 자신의 적성과 프롭테크 분야에서 목표로 하는 직무를 설정할 수 있다.

프롭테크를 제대로 이해하려면 부동산과 기술이 융합되는 방식을 설명하는 책과 학습 자료를 활용해야 한다. 프롭테크 관련 도서를 읽고, 국토교통부의 실거래가(rt.molit.go.kr)나 캐글(kaggle.com)의 부동산 자료셋, 또는 질로우의 미국 부동산 가격 자료를 활용하면 실무 자료의 분석 경험을 쌓을 수 있다.

프롭테크 관련 역량을 갖추기 위해서는 기초적인 자료 분석 및 프로그래밍 자격증을 취득하는 것이 중요하다. 엑셀을 활용한 기초적인 자료 분석 능력을 키우려면 Q-Net에서 시행하는 컴퓨터활용능력 2급에 도전해 보자. 공학을 전공한 사람들이 자료 분석 기초를 배우려면 케이데이터(Kdata)에서 시행하는 자료분석준전문가(ADsP, Advanced Data Analytics Semi-Professional)나 자료 아키텍처 준전문가(DAsP: Data Architecture Semi-Professional) 자격에 도전해 본다면 해당 분야에 이론적인 기초와 기술적 방법은 충분히 사전에 익힐 수 있을 것이다. 자료의 저장이나 전처리 기술에 관심이 있는 사람들은 SQL과 데이터베이스를 익히려면 SQLD가 유용하다. 부동산 업무의 전반적인 이해를 학습하려면 공인중개사, 토지 평가에 전문적인 기술과 지식을 익히려면 감정평가사, 데이터 분석 관련한 전문 지식을 익히려면 빅데이터분석기사, 컴퓨터 프로그래밍 관련 전문지식을 익히려면 정보처리기사 등 자격이 도움이 된다. 자격증 취득 과정에서 실무에 필요한 개념과 기술을 학습하며 이론적 기반을 강화하고 프롭테크 기업 취업이나 창업 준비에도 활용할 수 있다.

프롭테크 실무 경험을 쌓기 위해서는 자료 분석 공모

전과 창업 경진대회에 참가하는 것도 효과적이다. 캐글에서 수행된 부동산 관련 분석 대회를 학습하거나 신규 대회에 도전한다면 프롭테크 관련 자료 분석 경험을 맛볼 수 있다. 국토교통부가 주최하는 '스마트 부동산 해커톤' 같은 대회에서는 인공지능과 빅데이터를 활용해 부동산 문제를 해결하는 기획을 진행할 수 있다. 창업 경진대회에 참여하면 프롭테크 스타트업의 비즈니스 모델을 직접 개발하고 투자 유치 기회를 탐색할 수 있다. 이러한 경험을 통해 실무 역량을 강화하고, 취업이나 창업에서 차별화된 경쟁력을 확보할 수 있다. 프롭테크뿐만 아니라 새로운 도전에서 성공의 열쇠는 지속적인 열정이다. 프롭테크에 대한 열정을 지속할 수 있는, 자신만의 간절한 동기를 찾길 바란다.

문혜정

서울과학기술대학교 IT정책전문대학원에서 인공지능과 데이터분석 관련 박사과정에 재학 중이다. 동 대학에서 컴퓨터공학 학사와 석사, 정책학 박사 학위를, 동방문화대학원대학교에서 철학 박사 학위를 취득했다. 1995년부터 대상정보기술, KCC정보통신, 한솔CSN, 캐논코리아, 아이엘피 등에 재직했다. 서울과학기술대학교, 한국생산성본부, 세종대학교에서 컴퓨터 프로그래밍과 빅데이터 과정을 강의했다(2009~2023). 주요 연구 분야는 ICT 정책, 자연어 분석, 프롭테크, 제자백가, 사행산업 등이다. 정보처리기사, ISO27001 선임심사원(보), CISA, PMP, 정보시스템 감리원, 공인중개사 등 자격이 있고 공인중개업을 운영(2010~2014)한 경험이 있다. 주요 저서로 『The Criteria to Winner』(2010), 『빅데이터와 복권』(2018) 등이 있다. "빅데이터 분석을 통한 서울시 골목상권 분석"(2017), "머신러닝 기반 한국 임야 공매의 낙찰가격 예측"(2024)등 50편 이상 논문을 국내외에 게재·발표했다.